Come promuovere un libro per bambini.

COME PROMUOVERE UN LIBRO PER BAMBINI

Serie "Come promuovere"
A cura di: D.K. Hawkins
Versione 1.1 ~Novembre 2022
Pubblicato da D.K. Hawkins su KDP
Copyright ©2022 di D.K. Hawkins. Tutti i diritti riservati.

Nessuna parte di questa pubblicazione può essere riprodotta, distribuita o trasmessa in qualsiasi forma o con qualsiasi mezzo, compresi fotocopie, registrazioni o altri metodi elettronici o meccanici o qualsiasi sistema di archiviazione o recupero di informazioni, senza il previo consenso scritto degli editori, tranne nel caso di brevissime citazioni contenute in recensioni critiche e di alcuni altri usi non commerciali consentiti dalla legge sul copyright.

Tutti i diritti sono riservati, compreso il diritto di riproduzione totale o parziale in qualsiasi forma.

Tutte le informazioni contenute in questo libro sono state accuratamente ricercate e controllate per verificarne l'accuratezza. Tuttavia, l'autore e l'editore non garantiscono, in modo esplicito o implicito, che le informazioni contenute nel presente documento siano adatte a ogni individuo, situazione o scopo e non si assumono alcuna responsabilità per errori od omissioni.

Il lettore si assume il rischio e la piena responsabilità di tutte le azioni. L'autore non sarà ritenuto responsabile di eventuali perdite o danni, conseguenti, accidentali, speciali o di altro tipo, che possano derivare dalle informazioni presentate in questo libro.

Tutte le immagini sono libere di essere utilizzate o acquistate da siti di foto stock o royalty-free per uso commerciale. Per la stesura di questo libro mi sono basato sulle mie osservazioni e su molte fonti diverse; ho fatto del mio meglio per verificare i fatti e dare credito a chi di dovere. Nel caso in cui venga utilizzato del materiale senza il dovuto permesso, vi prego di contattarmi in modo da correggere la svista.

Le informazioni fornite in questo libro hanno uno scopo puramente informativo e non sono da considerarsi una fonte di consulenza o di analisi del credito in relazione al materiale presentato. Le informazioni e/o i documenti contenuti in questo libro non costituiscono una consulenza legale o finanziaria e non dovrebbero mai essere utilizzati senza aver prima consultato un professionista della finanza per determinare cosa sia meglio per le vostre esigenze individuali.

L'editore e l'autore non forniscono alcuna garanzia o altra promessa in merito ai risultati che possono essere ottenuti utilizzando il contenuto di questo libro. Non dovreste mai prendere alcuna decisione di investimento senza aver prima consultato il vostro consulente finanziario e aver condotto le vostre ricerche e la vostra due diligence. Nella misura massima consentita dalla legge, l'editore e l'autore declinano ogni responsabilità nel caso in cui le informazioni, i commenti, le analisi, le opinioni, i consigli e/o le raccomandazioni contenuti in questo libro si rivelino inesatti, incompleti o inaffidabili o comportino perdite di investimento o di altro tipo.

Il contenuto di questo libro, o quello reso disponibile, non è inteso e non costituisce consulenza legale o di investimento, e non si instaura alcun rapporto avvocato-cliente. L'editore e l'autore forniscono questo libro e i suoi contenuti "così come sono". L'uso delle informazioni contenute in questo libro è a vostro rischio e pericolo.

INDICE DEI CONTENUTI.

Come promuovere un libro per bambini. 0

INDICE DEI CONTENUTI..3

INTRODUZIONE. 5

CAPITOLO 1: SCRIVERE LIBRI PER BAMBINI. 9

CAPITOLO 2: ECCELLENTI METODI DI PROMOZIONE DOPO AVER SCRITTO IL VOSTRO PRIMO LIBRO PER RAGAZZI. 17

CAPITOLO 3: AUMENTARE LA VISIBILITÀ DEI LIBRI PER BAMBINI ATTRAVERSO LE APPARIZIONI DEGLI AUTORI............................22

CAPITOLO 4: LE RECENSIONI DI LIBRI COME STRUMENTO PROMOZIONALE PIÙ EFFICACE. 27

CAPITOLO 5: UTILIZZARE LE IMMAGINI DEL LIBRO PER LA PROMOZIONE. 33

CAPITOLO 6: COME PROMUOVERE IL VOSTRO LIBRO PER BAMBINI ATTRAVERSO GLI INTERVENTI. 41

CAPITOLO 7: COME COSTRUIRE LA PROPRIA PIATTAFORMA AUTORIALE PER MIGLIORARE LA PROMOZIONE DEI LIBRI PER BAMBINI. 46

CAPITOLO 8: PERCHÉ ALCUNI AUTORI NON HANNO MAI SUCCESSO COME AUTORI PER BAMBINI. 54

CAPITOLO 9: DALLA PRESENTAZIONE AL CONTRATTO AL MARKETING DEL LIBRO ALLA PROFESSIONE DI SCRITTORE. 60

CAPITOLO 10: MARKETING LIBRARIO ONLINE. 67

CAPITOLO 11: ASSICURATEVI DI AVERE UNA COPERTINA NOTEVOLE..73

CAPITOLO 12: SUGGERIMENTI PER TROVARE EDITORI DI LIBRI PER BAMBINI. 77

CAPITOLO 13: SCRIVERE PER I BAMBINI E CONQUISTARE I GENITORI. 81

CAPITOLO 14: AUMENTARE LA VISIBILITÀ DEL VOSTRO LIBRO PER BAMBINI AUTOPUBBLICATO...............................85

CAPITOLO 15: FARE DEL PROPRIO LIBRO PER BAMBINI UN BESTSELLER. 89

CAPITOLO 16: UTILIZZO DI BOBBLE HEAD PERSONALIZZATI PER LA PROMOZIONE. 94

CAPITOLO 17: CONSIDERAZIONI DA FARE PRIMA DI PUBBLICARE UN EBOOK PER BAMBINI. 99

CAPITOLO 18: CONSIGLI DI MARKETING PER I LIBRI CHE VI AIUTERANNO A VENDERE PIÙ COPIE........................103

CAPITOLO 19: ERRORI DI PROMOZIONE DEL LIBRO DA EVITARE. 107

CAPITOLO 20: PROMUOVERE IL VOSTRO LIBRO NEL VOSTRO QUARTIERE. 114

CONCLUSIONE. 118

INTRODUZIONE.

Per molti scrittori e autori, scrivere e pubblicare un libro per bambini è l'ambizione di una vita. Purtroppo, la maggior parte degli scrittori eccellenti non conosce o non comprende le misure da adottare per iniziare il processo di notorietà e pubblicazione, rendendo difficile la realizzazione del proprio sogno.

Avete bisogno di un'agenzia, di un illustratore, di un assistente, di un consulente o di servizi di marketing per libri?

Sapete a quali case editrici per bambini dovreste inviare il vostro lavoro per ottenere il massimo profitto e il miglior tasso di accettazione?

Avete stabilito il tipo di libro per ragazzi che intendete scrivere?

Il settore dell'editoria per ragazzi può essere difficile da percorrere per chi non è informato, ma è semplice per chi ha le conoscenze necessarie. Scrivere e presentare il proprio lavoro al mercato è un gioco da ragazzi per chi ha esperienza.

Potreste avere il prossimo libro per bambini più venduto, ma se non sapete come esporlo al mercato, continuerete a sbattere contro i muri, proprio come la maggior parte degli autori per bambini in difficoltà che, tragicamente, non superano la fase iniziale del processo editoriale.

Trovare una persona affidabile che vi spieghi come funziona l'intero settore sarà difficile. I consulenti possono essere costosi e stagionati, e i più noti editori di libri per bambini raramente divulgano i loro segreti commerciali ad altri editori di libri per bambini. Dopotutto, perché dovrebbero mettersi in una situazione in cui potrebbero perdere la fama e gli introiti del loro libro?

Esistono centinaia di pubblicazioni su come scrivere, promuovere e pubblicare un libro per bambini, ma la maggior parte non rende il processo di pubblicazione semplice da comprendere. Se seguite la maggior parte dei corsi di pubblicazione di libri per bambini, scoprirete che sono inefficienti e potrebbero costarvi molto tempo.

Una formula per il pilota automatico che nessun altro manuale di editoria per ragazzi può eguagliare. Nessun autore desidera sfogliare centinaia di pagine di strategie e concetti per l'editoria per ragazzi. Per avere successo nel settore dei libri per bambini, è necessario andare al sodo e fare le cose per bene.

La formazione è essenziale se si vuole scrivere, vendere, pubblicizzare o pubblicare un libro per bambini, sia esso un libro illustrato o un libro standard. Ogni anno centinaia di migliaia di scrittori non vengono scoperti e molti libri per bambini di valore inestimabile vengono accantonati o non vengono mai venduti a una casa editrice a causa della mancanza di competenze commerciali. Non trovatevi in questa situazione!

Dovete imparare a rivolgervi alla vostra fascia d'età, a generare idee per le storie, a sviluppare i personaggi, a progettare un arco narrativo, a introdurre i personaggi con la descrizione delle loro caratteristiche fisiche e caratteriali, a stabilire un problema o un conflitto e a preparare la scena per il climax.

Lo sviluppo dei personaggi, le trame, i conflitti e le risoluzioni, le abilità di marketing e di pubblicazione sono necessarie per diventare un autore per bambini di successo. Questa GUIDA esplora le strategie efficaci per promuovere i libri per bambini e diventare autori di successo.

Iniziamo.

CAPITOLO 1: SCRIVERE LIBRI PER BAMBINI.

Da adulti, tutti ricordiamo i libri che leggevamo avidamente da bambini. Ricordo la gioia che provavo ogni venerdì quando tornavo di corsa a casa da scuola, sapendo che mia nonna aveva il prossimo romanzo di Roald Dahl che mi aspettava. The Twits e The BFG sono racconti che non dimenticherò mai. E sono certo che lo saranno per molti altri bambini degli anni Ottanta.

Alla luce di ciò, mi infastidisce quando si insinua che creare un libro per bambini sia una semplice alternativa o un trampolino di lancio per scrivere un romanzo per adulti. Quando si produce un libro per bambini, è necessario fare molta attenzione, soprattutto se si considera quanto i bambini siano suscettibili alle influenze esterne.

È importante comprendere l'impatto che la scrittura e i temi del libro avranno sul bambino. Scrivere un romanzo per bambini è più limitato che scrivere per adulti.

L'argomento, la terminologia e la lunghezza devono essere considerati con attenzione. Un bambino è impressionabile e indagherà le prospettive e le idee dei libri, che invariabilmente influenzeranno la sua vita. Il linguaggio e il vocabolario del bambino avranno un impatto sulla sua intelligenza e sul suo percorso scolastico. Pertanto, anche questo aspetto deve essere valutato in modo appropriato.

Per questo motivo, scrivere un libro per bambini è estremamente difficile e richiede una lunga ricerca. Quindi, se l'argomento, il vocabolario e la lunghezza seguono le linee guida dei genitori e dell'educazione, è il momento di coinvolgere e connettersi con il pubblico a cui è destinato: il bambino.

In alcune circostanze, un bambino può essere il peggior critico di un adulto. Con la loro ingenuità, sono certi di mostrare sincerità e sentimenti genuini nella forma più pura quando leggono il vostro lavoro. Non hanno ancora appreso la capacità di comunicare critiche costruttive in modo educato, ma parlano a cuore aperto.

Entrare nel campo della scrittura per bambini è spesso un'impresa ridicolizzata e invadente. Pertanto, è necessario innanzitutto condurre una ricerca. Il vostro libro sarà valutato dagli adulti che esplorano lo sviluppo del bambino attraverso la letteratura, tra cui genitori, insegnanti, governo ed editori. I lettori individuali valuteranno il vostro romanzo.

Solo allora potrete liberare il vostro talento creativo nella scrittura. Il mondo della scrittura di libri per bambini può essere difficile, ma quando ci riuscirete sarà un mestiere appagante e i bambini di tutto il mondo leggeranno e ameranno il vostro libro incredibilmente inventivo.

Scrivere un libro per bambini richiede una fervida immaginazione, inventiva con le parole e zelo. L'elemento più essenziale è la capacità di percepire con gli occhi di un bambino. Pertanto, è necessario condurre uno studio preliminare.

Per creare materiale di intrattenimento per un bambino occorre una prospettiva inedita e curiosa sul mondo. Affinché un bambino sia pienamente coinvolto, entusiasta e interessato al vostro libro, è necessario che esso sia per lui o per lei rapportabile.

A cosa sono interessati i bambini di oggi?

Quali sono i loro gusti e le loro preferenze?

Quali parole usano per comunicare tra loro?

Quali libri leggono?

Con quali giocattoli giocano?

Quali canzoni amano?

Che vestiti indossano?

Quali riviste acquistano?

Di cosa hanno paura? E cosa li eccita?

In questo modo, sarete in grado di determinare il tipo di scrittura che raggiungerà efficacemente il vostro pubblico di riferimento e renderà famoso il vostro libro.

Dopo aver fatto una ricerca esaustiva e aver indagato sulle preferenze dei bambini, potete passare alla trama. Questa sezione richiede l'impiego del vostro talento, della vostra energia e del vostro ingegno.

Questa è la considerazione più importante. Dovete stabilire il tipo di libro che volete scrivere, le tematiche che volete esplorare, i messaggi che volete trasmettere e il risultato desiderato. Molti autori preferiscono sviluppare i loro libri attraverso workshop partecipativi e, se si tratta di un'idea commerciale, possono seguire prodotti e sequel.

Pertanto, tutto questo dovrà essere determinato durante la creazione della narrazione.

Assicuratevi che la vostra decisione sia coerente con la ricerca condotta. Includete anche riferimenti ai romanzi che vi piacevano da bambini e alla letteratura attuale. Durante la stesura della storia, è fondamentale ricordare che i bambini hanno una capacità di attenzione e di concentrazione inferiore a quella degli adulti.

Come scrittore, è essenziale mantenere la letteratura come forma di intrattenimento attuale, alla pari di Xbox e PlayStation. Pertanto, una storia deve essere semplice e diretta per catturare immediatamente la loro attenzione. Infine, deve essere pertinente, divertente e piacevole.

Anche il linguaggio e il vocabolario utilizzati nella letteratura per bambini sono essenziali per sviluppare la loro intelligenza e la loro concentrazione. È utile aumentare il vocabolario leggendo, ma se un bambino non è in grado di leggere le parole, perderà interesse e concentrazione. Evitare frasi complesse che un bambino non può comprendere è vantaggioso.

Secondo le ricerche, un bambino non valuta più di un paio di parole per frase. Questo è un consiglio importante per uno scrittore alle prime armi, perché è facile rischiare di abbellire ed elaborare i testi grazie alla precedente esperienza di scrittura.

Un libro deve ispirare uno sviluppo intellettuale, personale ed emotivo costruttivo; quindi non deve contenere slang, linguaggio scorretto o argomenti inappropriati. La scrittura deve essere di alta qualità e di livello adeguato alla fascia d'età, e deve ispirare i giovani lettori ad apprezzare il loro linguaggio e a desiderare di leggere di più.

I temi che si sceglie di incorporare nella narrazione sono cruciali e molto diversi tra loro. Un libro può incoraggiare efficacemente i bambini ad abbracciare e mettere in pratica affermazioni positive nella loro vita. Finché la storia ha un lieto fine, il libro influenzerà positivamente la prospettiva di vita del bambino. Troppe influenze negative influenzano la loro vita man mano che crescono.

I bambini ameranno i personaggi che vivono felici e contenti, incoraggiandoli ad affrontare le sfide con ottimismo. I personaggi dovrebbero avere caratteristiche positive, come il coraggio, l'umorismo e l'onestà, che i bambini possono emulare.

La letteratura è utile per ispirare bambini positivi e sani e per offrire loro evasione e divertimento. Questo, insieme agli elementi sopra citati, è necessario per scrivere un libro per bambini di successo. Finché si crea un mondo luminoso, felice e colorato e i temi trattati sono significativi per un bambino, sono certa che sarà apprezzato.

Incoraggio con entusiasmo tutti i lettori che credono di poter scrivere un libro per bambini a farlo. Abbiamo bisogno di tanti autori per bambini influenti che pubblichino attivamente per mantenere viva questa forma di ispirazione e di sviluppo infantile.

CAPITOLO 2: ECCELLENTI METODI DI PROMOZIONE DOPO AVER SCRITTO IL VOSTRO PRIMO LIBRO PER RAGAZZI.

I libri per bambini sono un genere che l'e-publishing non potrà mai soppiantare del tutto. Il Kindle non potrà mai competere con la natura tattile dei libri per bambini più diffusi.

La maggior parte dei libri contiene pagine spesse e resistenti, materiali all'interno o sulle pagine e immagini a comparsa; alcuni sono impermeabili. La produzione di questi libri è molto costosa e la categoria è estremamente competitiva, quindi se siete un autore esordiente di libri per bambini molto piccoli, dovete sempre tenere presente il marketing.

Utilizzate gli opuscoli tattili per promuovere i vostri libri.

Un campione della vostra scrittura è lo strumento promozionale più efficace per un libro. Dovete essere particolarmente inventivi nel produrre opuscoli con un piccolo estratto della vostra opera da distribuire a editori e lettori.

Se si lavora in rete in modo efficace, gli opuscoli interessanti contribuiranno alla promozione del libro. Poiché state vendendo a genitori di bambini piccoli, il vostro opuscolo deve essere davvero impressionante.

Sperimentate il design dell'opuscolo e chiedete a un'azienda di stampa locale o online se può aggiungere qualcosa di accattivante, come una lamina o un rivestimento a specchio, alla pagina. Se scegliete un esempio di scrittura attinente, i bambini apprezzeranno l'opuscolo quando verrà presentato.

Gli adesivi sono sempre molto apprezzati dai bambini.

Mentre i segnalibri contenenti un campione del vostro scritto funzionerebbero bene con un libro per adulti, la promozione di un libro per bambini piccoli richiede un po' più di creatività. Una tipografia può aiutarvi a progettare segnalibri con adesivi o adesivi da inserire in libri o opuscoli.

Gli adesivi che promuovono i vostri libri saranno più efficaci se presentano un design accattivante con il titolo del libro e una grafica vivace. I genitori sono più propensi a valutare positivamente i romanzi verso i quali i loro figli hanno dimostrato interesse.

Distintivi per distinguersi.

Quando si visitano le case editrici o si incontrano i genitori ai convegni o alle fiere del libro, la produzione di spille sarà di grande aiuto. Le persone saranno invogliate a esplorare il vostro opuscolo dai bottoni che raffigurano un personaggio del vostro romanzo. La consegna di spille ai bambini piccoli è un problema di sicurezza. Tuttavia, la maggior parte dei genitori permetterà ai propri figli di indossare un distintivo sotto supervisione.

Rimuovere il bottone prima di lavare gli indumenti può ricordare ai genitori il vostro opuscolo. Se i bambini ricordano il bottone il giorno successivo, aumentano le probabilità di vendita.

È possibile ridurre i costi acquistando bottoni vuoti in grandi quantità e trovando un fornitore che stampi adesivi a basso costo. L'utilizzo degli adesivi per creare le vostre spille richiederà un certo impegno.

Volantini colorati.

La maggior parte dei bambini piccoli non può resistere all'opportunità di colorare. Pertanto, sviluppare un volantino per il vostro libro con uno spazio colorabile è uno dei metodi più efficaci ed economici per promuovere il vostro libro. L'obiettivo è quello di rendere i bordi del volantino dinamici e scattanti, in modo che il centro implori di essere colorato.

Accattivare editori e lettori.

Questa è l'opzione più costosa, ma sarete sorpresi di quanto possa essere economico stampare grandi quantità di magneti piatti per il frigorifero. Si può stampare un personaggio della vostra prima storia per bambini. Le persone sono meno esitanti ad abbandonare un magnete; molto spesso, diventeranno un elemento permanente sul frigorifero di qualcuno e un oggetto di gioco occasionale per i bambini.

Come per l'idea del badge, i magneti da frigo vuoti possono essere acquistati all'ingrosso per una frazione del costo di quelli prodotti professionalmente. È possibile creare magneti personalizzati ordinando fogli di adesivi. Non sopravviveranno a lungo, ma andranno bene per la promozione.

CAPITOLO 3: AUMENTARE LA VISIBILITÀ DEI LIBRI PER BAMBINI ATTRAVERSO LE APPARIZIONI DEGLI AUTORI.

L'impegno dell'autore in una campagna di public speaking è una tecnica comprovata per diffondere le notizie sul proprio libro. I romanzi degli autori che si impegnano a parlare ricevono maggiore attenzione. Alcuni autori hanno catapultato da soli le loro opere nello status di bestseller viaggiando e tenendo conferenze a livello nazionale.

Anche se un autore non può viaggiare e parlare spesso a causa di altri obblighi, questa parte del marketing del libro non dovrebbe essere trascurata.

Anche pochi eventi di presentazione aiutano gli autori a costruire un pubblico di lettori dedicato e a migliorare le vendite dei libri.

Come partire.

Le librerie e le biblioteche locali sono ottime aree in cui gli autori possono iniziare a discutere il tema delle loro opere. Molti rivenditori (in particolare Borders e Barnes & Noble) organizzano brevi seminari sugli autori per i loro clienti. Anche le biblioteche lo fanno. Dopo questi eventi, gli autori che sfruttano queste opportunità possono aumentare le vendite dei loro libri vendendo copie autografate delle loro opere.

Gli autori di saggistica hanno in genere un argomento naturale. Tuttavia, gli autori di libri di narrativa e per bambini possono creare occasioni di conversazione. Durante il Mese nazionale dell'alfabetizzazione, per esempio, gli autori di libri per bambini possono offrirsi volontari per leggere le loro opere in una libreria o in una biblioteca (settembre).

Un autore di letteratura per giovani adulti può offrirsi volontario per insegnare agli adolescenti un breve corso di scrittura narrativa in una biblioteca locale. Gli autori di gialli possono approfittare del Mese del Mistero di Barnes & Noble in ottobre. Queste sono solo alcune delle molte occasioni che gli autori possono cogliere per organizzare interventi per promuovere i loro romanzi.

Anche se la creazione di una carriera di conferenziere richiede tempo, parlare in pubblico può essere redditizio per gli autori che lo includono nella loro strategia di marketing librario. Inizialmente, gli autori devono parlare gratuitamente e sfruttare ogni intervento per vendere libri. Tuttavia, gli autori possono far pagare i loro servizi una volta che hanno stabilito un'attività di speakeraggio.

Se un autore non ha esperienza nel parlare in pubblico o ha paura di parlare davanti a un gruppo, può prendere in considerazione la lettura di libri sul parlare in pubblico o l'iscrizione a seminari sul parlare in pubblico.

Acquisizione di incarichi di relatore.

Gli incarichi di relatore devono essere perseguiti e coltivati attivamente. Le opportunità si presentano solo agli autori che hanno sviluppato nel tempo l'aspetto oratorio del loro mestiere. La maggior parte dei nuovi relatori dovrà investire del tempo per assicurarsi degli ingaggi.

Molti eventi includono autori come relatori principali. Gli autori possono cercare di ottenere degli ingaggi come oratori individuando eventi e gruppi che si rivolgono al pubblico a cui è destinato il loro libro.

Per esempio, un libro sulle pratiche di frequentazione sicura per gli adolescenti potrebbe portare a ingaggi come relatore presso scuole medie e superiori e organizzazioni giovanili della comunità e della chiesa.

Una volta individuato un evento o un gruppo come luogo adatto per parlare, l'autore contatterà gli organizzatori dell'evento o del gruppo e presenterà un profilo, un argomento e una sinossi per essere preso in considerazione.

Quanti libri si possono vendere parlando in pubblico? Dipende dall'occasione, dall'oratore e dall'ascoltatore. Che il numero di libri venduti sia tre o trecento, ogni intervento è un'opportunità di visibilità. Inoltre, la pubblicità genera future vendite di libri.

CAPITOLO 4: LE RECENSIONI DI LIBRI COME STRUMENTO PROMOZIONALE PIÙ EFFICACE.

Le recensioni di libri sono un metodo efficace per pubblicizzare la vostra pubblicazione. La maggior parte dei lettori si affida a recensioni affidabili, poiché i recensori professionisti sono obiettivi e rispettati dalla maggior parte dei lettori. Trovare recensori validi è un problema per molti autori, soprattutto per quelli meno esperti.

Con la pubblicazione di oltre 500.000 nuovi libri all'anno, la domanda di recensioni ha subito un'impennata. Oggi è piuttosto difficile ottenere una recensione da un recensore ampiamente riconosciuto. Per dare un'idea dell'intero problema, Publishers

Weekly, la principale rivista del settore, esamina solo 5.000 libri all'anno.

Midwest Book Reviews recensisce circa 490 libri al mese ed è una delle più grandi organizzazioni di recensori della nazione. Tuttavia, non c'è motivo di essere irritati. Ci sono molte opzioni per gli autori perspicaci per comporre recensioni perspicaci.

Come posso trovare un recensore?

Ci sono molte fonti credibili a cui potreste rivolgervi. Dan Poynter, un esperto di editoria di altissimo livello, vi offre l'opportunità di inserire il vostro libro per una recensione nella sua newsletter digitale intitolata "para publishing". Gli autori ansiosi di vedere il proprio nome sulla stampa si offriranno di recensire il vostro libro.

Poynter chiede ai recensori che si registrano sul suo sito di astenersi dal pubblicare commenti sgradevoli. Chiarisce che non sta chiedendo al recensore di modificare le sue opinioni. Chiede solo di non dire nulla se non si può offrire qualcosa di positivo.

La Top 1000 Reviewers di Amazon è la più grande raccolta di recensori professionisti. Qualsiasi recensione approvata da questa organizzazione sarà molto apprezzata e attendibile.

Inserite "Amazon Top Reviewers" nel vostro motore di ricerca per ottenere un elenco dei recensori e dei loro gradi. Non aspettatevi una recensione dai primi 50 o 100 siti web. Sono molto impegnati e selettivi. Se avete tempo, fate un tentativo. È possibile. Ho un'esperienza personale in merito.

È essenziale prendere in considerazione più di questi recensori. Se avete scritto un libro di saggistica, inviate una richiesta di recensione ai periodici che trattano lo stesso argomento. In caso di successo, la recensione sarà vista dai lettori della rivista che hanno già dimostrato interesse per l'argomento e hanno un'alta probabilità di acquisto.

Consultate anche i giornali locali. Nei quotidiani più importanti esistono sezioni specifiche per gli affari, gli anziani, la gastronomia, i viaggi e le proprietà immobiliari. Inviate la vostra richiesta di recensione all'editore della sezione appropriata.

Purtroppo, molti giornali hanno eliminato le sezioni dedicate alle recensioni di libri, ma altri pubblicano ancora recensioni su altre pagine. Assicuratevi di contattare i settimanali locali. Sono molto informati e sono sempre alla ricerca di storie interessanti sui successi degli individui locali.

Cercate "recensori di libri" su Internet, ma vagliate bene le risposte. Diffidate delle recensioni comprate. Non hanno lo stesso peso dei collaboratori non retribuiti. Tuttavia, ci sono alcune recensioni a pagamento di grande valore. La rivista ForeWord ha iniziato un programma a pagamento che guadagnerà rispetto, proprio come le valutazioni a pagamento di Normal Goldman su Bookpleasures.com.

Valutazioni preliminari alla pubblicazione.

Agli autori spesso sfugge un tipo di recensione che è di importanza fondamentale. Prima dell'uscita di un libro, solo le sette riviste più importanti del nostro settore fanno recensioni. La maggior parte degli addetti ai lavori consulta queste recensioni. Una recensione positiva su una di esse contribuirà a garantire vendite consistenti prima della pubblicazione del libro.

I sette principali recensori prima della pubblicazione sono Editor's Weekly, New York Times, Library Journal, Kirkus Review e ForeWordMagazine.

Recensione e Booklist (American Library Association)

Se il libro è adatto a bambini o adolescenti, includere School Library Journal. Quattro mesi prima della pubblicazione, dovrete consegnare al recensore le bozze del vostro libro racchiuse in una copertina (o in una copia). La copertina deve indicare

"Copia di recensione avanzata - non completamente editata". Anche se avete una copia completa del libro, non dovete inviarla. Il recensore accetterà solo copie avanzate (ARC).

Potete scegliere di affidarvi a una tipografia digitale specializzata in piccole tirature e farvi creare delle copie rilegate. Tuttavia, anche queste devono riportare la dicitura ARC sulla copertina. Avrete inevitabilmente bisogno di più copie di quelle inviate a questi recensori.

Potreste voler promuovere i club del libro, distribuire ad altri recensori, includere un ARC nelle richieste di sponsorizzazione e utilizzare il libro per altri scopi promozionali.

Una volta pubblicato il libro, è ovvio che continuerete a sollecitare il maggior numero possibile di recensioni e ad assicurarvi che un numero significativo di esse venga inserito su Amazon.com, Barnes & Noble.com, Borders.com e Books-a-Million.com. Non trascurate le numerose librerie su Internet che sono affiliate ad Amazon.

CAPITOLO 5: UTILIZZARE LE IMMAGINI DEL LIBRO PER LA PROMOZIONE.

In genere, i libri hanno almeno due immagini: la copertina e la fotografia dell'autore. Altre pubblicazioni possono avere molte fotografie interne in bianco e nero o a colori, illustrazioni, mappe o altre forme di grafica.

Tutte queste fotografie possono essere utilizzate per commercializzare il vostro libro, anche se i clienti acquistano online e non possono esaminare una copia reale prima dell'acquisto. Prima che il vostro libro venga pubblicato o anche solo messo in commercio, prendetevi il tempo di pensare a come utilizzare queste fotografie nel vostro marketing e salvatele in un formato che le renda facilmente accessibili.

Assicuratevi di avere le foto appropriate.

Se avete altre immagini da utilizzare, chiarite al vostro fotografo o al responsabile dell'impaginazione e della progettazione che le volete in formato jpeg, in modo che possano essere utilizzate online e in altri formati.

Alcuni progettisti di libri potrebbero preferire le fotografie in formato tiff, che a volte sono superiori per la qualità di stampa, mentre le immagini in formato jpeg sono di solito altrettanto valide. Poiché Internet preferisce i jpeg, non sarà possibile caricare online le fotografie in formato tiff. La modifica dei formati delle immagini potrebbe non essere un problema se si ha familiarità con Photoshop o con un'altra applicazione che consente di ritagliare e modificare le fotografie.

In alternativa, potreste imparare a modificare le immagini per avere più alternative in futuro. Se volete fotografie pronte all'uso, informate il vostro esperto di impaginazione di libri che desiderate che qualsiasi ritaglio o modifica da lui apportata sia duplicata esattamente come appare nel vostro libro. In questo modo avrete le immagini più belle da utilizzare per le vostre iniziative di marketing. Anche se il libro viene stampato solo in bianco e nero, è necessario richiedere le fotografie in formato jpeg e a colori.

In un libro, le immagini in bianco e nero sono accettabili, ma online ci si aspetta il colore. Inoltre, le foto per i libri devono avere una qualità elevata, ad esempio 300 dpi, mentre le immagini pubblicate online dovrebbero avere una risoluzione ridotta, ad esempio 72 dpi, perché impiegheranno poco tempo per essere caricate su una pagina web.

Metodi di marketing multipli per le immagini dei vostri libri.

Se siete un autore esordiente che lancia il suo primo sito web, vorrete che rispecchi la copertina del vostro libro o che ne rifletta la sostanza. Utilizzate temi, colori, fotografie e immagini che corrispondano al tono, allo scopo e al contenuto del vostro libro.

Utilizzate queste fotografie come anteprima per incoraggiare i lettori ad acquistare il libro. Non è il caso di accontentarsi di un sito web che sia in contrasto con la copertina del libro o con la sua grafica, né di utilizzare design preconfezionati che non presentino l'immagine corretta o, peggio, che siano contraddittori. Consultate il designer del vostro sito web per sfruttare al meglio la copertina e le altre foto.

Come il sito web, anche il blog deve rappresentare il concetto e il contenuto del libro e l'identità dell'autore. Alcune fotografie del libro, come la foto dell'autore o una pagina, possono essere pubblicate sul blog utilizzando il modello del sito. In seguito, aggiungete al blog le altre fotografie, una o due alla volta.

In questo caso è opportuno avere a disposizione un gran numero di fotografie in formato jpeg, in modo che, se avete intenzione di scrivere un blog ogni giorno o anche solo un paio di volte alla settimana, le immagini siano tutte prontamente disponibili e già ritagliate e dimensionate per risparmiare tempo.

Pubblicate estratti del vostro libro e accompagnateli con foto appropriate. Alternate i post tratti dal vostro libro con post su di voi o su cose che avete fatto, e continuate a scattare e pubblicare le vostre immagini.

Per un blog efficace con le immagini potrebbe essere necessario imparare a usare un programma come Fireworks o Photoshop, in modo che le fotografie siano di qualità eccellente e ritagliate o modificate per ottenere un effetto ottimale.

Poiché gli spettatori dovranno probabilmente scorrere verso il basso per leggere l'intero post del blog, includete un'immagine all'inizio del post in modo da attirare immediatamente l'attenzione, piuttosto che seppellirla più in basso nella pagina e stuzzicare i vostri spettatori pubblicando una o due delle vostre più belle fotografie da un CAPITOLO e facendo loro sapere che ci sono altre immagini nel libro.

Nell'era dei social network, le persone amano sfogliare gli album fotografici online degli altri. Che si tratti di Facebook, Instagram, TikTok o di un altro sito che consente di aggiungere foto o immagini a un album, create un album fotografico per il vostro libro o più album per diverse porzioni del vostro libro. Le persone saranno più interessate al vostro libro se sono presenti fotografie. Inoltre, sentitevi liberi di usare alcune di queste fotografie come vostro profilo.

Video di anteprima del libro: Create un video di anteprima del libro. Reader Views è una società di promozione professionale che produce filmati di anteprima per gli autori. Dovrete inviare una dozzina o più delle migliori fotografie del vostro libro in formato jpeg da utilizzare nel filmato.

Potreste includere un testo per la voce fuori campo o farne creare uno per aiutarvi ad abbinare le parole parlate alle foto appropriate. Anche se il vostro libro non contiene molte fotografie, questo è un motivo per scoprire altre immagini che vi aiuteranno a promuovere il libro, a patto che le paghiate o che usiate immagini royalty-free.

Cartoline e altri materiali di marketing: Considerate tutte le opzioni di promozione del libro oltre a quelle elencate sopra. Se avete scritto un libro di storia o di viaggi, potreste trasformare le vostre fotografie in una linea di cartoline.

Se i turisti sono propensi ad acquistare il libro, acquisteranno anche le cartoline. Poiché le cartoline sono in genere poco costose, potreste riuscire a venderne un numero significativo. Scegliete cinque o sei delle vostre migliori fotografie e create una serie di segnalibri; per i romanzi per bambini, potete creare un segnalibro per ogni personaggio del libro.

Che ne dite di biglietti da visita, poster, calendari, carte collezionabili per bambini, tazze da caffè, borse da viaggio, puzzle e magari una linea di magliette? Anche se non menzionate il vostro libro su tutti questi oggetti, potete generare ulteriore denaro dalle vostre fotografie e vendere questi prodotti oltre al vostro libro sul vostro sito web.

Il negozio di souvenir del quartiere potrebbe non essere interessato a vendere i vostri libri, ma potrebbe essere interessato a vendere i vostri calendari o le vostre magliette. Non limitatevi. Promuovete e vendete le vostre fotografie, con o senza libro.

Le immagini sono essenziali per il marketing di un libro. Le persone amano guardare le foto e catturano l'attenzione del lettore quando un semplice testo non può farlo. Utilizzate le vostre fotografie per attirare l'interesse e commercializzare il vostro libro in tutti i modi possibili. Siate fantasiosi, in modo che queste fotografie possano generare più denaro come autore.

CAPITOLO 6: COME PROMUOVERE IL VOSTRO LIBRO PER BAMBINI ATTRAVERSO GLI INTERVENTI.

Tradizionalmente, gli autori che pubblicavano un nuovo libro si imbarcavano in un "tour del libro" che consisteva in firme, presentazioni, discorsi e interviste ai media in tutta la nazione. Sebbene molte di queste attività si siano spostate online nell'ultimo decennio, gli interventi sono un metodo efficace per vendere libri e costruire un pubblico.

Non c'è motivo per cui gli scrittori Kindle non possano godere di questi vantaggi, anche se non hanno copie fisiche da vendere in fondo alla sala o da tenere sul podio.

Localizzate il vostro tour di conferenze Kindle. Ogni comune o gruppo ha una camera di commercio e cerca continuamente relatori per colazioni o pranzi. In molte regioni esistono anche organizzazioni di networking locali indipendenti.

Se non conoscete l'ambiente di networking della vostra comunità, parlate con un banchiere locale, un agente immobiliare, il proprietario di un'attività di servizi locale o informatevi presso il più vicino Small Business Development Center o ufficio di sviluppo comunitario.

L'argomento del vostro libro può interessare gruppi specializzati, come club di giardinaggio, organizzazioni politiche e chiese. Esaminate i calendari degli eventi sul giornale locale o online per scoprire quali organizzazioni ospitano abitualmente eventi pubblici con relatori.

Create un elenco di organizzazioni che potrebbero essere desiderose di farvi parlare per loro. Per ognuna di esse, chiamate o inviate un'e-mail all'organizzazione e chiedete il nome e le informazioni di contatto del coordinatore degli interventi.

Contattate quindi questa persona per telefono o via e-mail e offrite i vostri servizi come oratori. Includete una breve biografia, una descrizione del vostro ebook Kindle e un riassunto dell'argomento che intendete trattare e del motivo per cui potrebbe interessare i membri del gruppo. In genere, il passo successivo è quello di stabilire una data per la discussione.

Inoltre, la maggior parte delle biblioteche pubbliche dispone di una sala riunioni in cui è possibile o gradito tenere discorsi. Visitate la biblioteca della vostra comunità e informatevi su chi organizza le riunioni. Presentatevi e offritevi di parlare. Questo metodo ha sempre funzionato per me, ovunque abbia vissuto.

Potete anche contattare le aziende locali che dispongono di sale conferenze e chiedere loro di ospitare un piccolo evento per i loro clienti. Descrivete come questo li promuova come utili nella prospettiva dei loro clienti. Affinché questa strategia sia efficace, il vostro argomento non deve riguardare direttamente il lavoro di questi professionisti.

Per esempio, se il vostro opuscolo insegna ai genitori come aiutare i figli a sviluppare migliori capacità di studio, un avvocato, un commercialista o un terapeuta sarebbero al servizio dei loro clienti che hanno figli ospitando il vostro discorso su questo argomento nel loro ufficio.

Le attività non locali richiedono una pianificazione molto più accurata, poiché devono essere programmate in base alla vostra disponibilità a recarvi in un determinato luogo.

Alcuni autori di ebook hanno difficoltà perché non hanno nulla di concreto da vendere durante i loro interventi. Come si fa a spingere i partecipanti all'acquisto? Semplice! Create dei volantini con il cosiddetto codice QR (se cercate su Google "free QR code generator", potete trovare dei siti web dove potete generarne uno per il vostro ebook).

I presenti che possiedono uno smartphone possono scansionare il codice QR per accedere alla pagina di vendita dell'ebook. Includete un URL convenzionale per la vostra pagina di vendita sul volantino per le persone senza smartphone. Questi ultimi porteranno a casa il volantino e acquisteranno l'ebook sul loro computer di casa.

Se l'evento è accessibile al pubblico, inviate un comunicato stampa ai giornali locali ogni volta che eseguite le azioni di cui sopra. Spesso un intervento è un pretesto per un lungo articolo sul libro o sull'azienda in questione. Questo può generare vendite da parte di persone che non hanno partecipato alla vostra presentazione.

CAPITOLO 7: COME COSTRUIRE LA PROPRIA PIATTAFORMA AUTORIALE PER MIGLIORARE LA PROMOZIONE DEI LIBRI PER BAMBINI.

In qualità di autori di libri per bambini, probabilmente vi sarete imbattuti spesso nel termine piattaforma autoriale, ma vi starete chiedendo: cos'è una piattaforma e come posso ottenerne una?

La vostra piattaforma autoriale determina la vostra portata sul mercato ed è fondamentale per gli sforzi di marketing del vostro libro. Se volete assicurarvi un contratto con un editore commerciale tipico, dovete avere una solida piattaforma autoriale. Quando valutano le proposte di libri, gli editori vogliono sapere quanto siete conosciuti e quanto sarete efficaci nel pubblicizzare il vostro libro dopo la pubblicazione.

Prima di scrivere un libro o una proposta di libro è il momento ideale per iniziare a costruire la vostra piattaforma autoriale, perché ha bisogno di tempo. Tuttavia, è possibile continuare a costruire la propria piattaforma autoriale indipendentemente dal punto in cui ci si trova nel processo di pubblicazione.

Esistono molte definizioni di piattaforma per autori, ma tutte si riducono a tre elementi:

- Branding.

- Reputazione.

- Networking.

Branding.

Il branding vi distingue in un mercato affollato e vi rende memorabili. La tagline dell'autore è uno degli aspetti più significativi del vostro marchio; è una rappresentazione concisa e coinvolgente di ciò che fate.

Di seguito sono riportati alcuni esempi di tagline d'autore:

- Il segugio della pubblicità.

- Il medico dell'amore.

- Il professionista della produttività.

- L'autore di romanzi a rischio.

- Autrice di misteri ricchi di suspense.

- Autore della serie Detective McGee.

- Autore di libri istruttivi per bambini.

Utilizzate il vostro slogan come titolo, dopo il vostro nome nel materiale pubblicitario e nella vostra firma. Io mi definisco, per esempio, Dana Lynn Smith, The Savvy Book Marketer.

La foto dell'autore è un'ulteriore risorsa promozionale. Procuratevi una fotografia dall'aspetto professionale e utilizzatela ovunque per aumentare la vostra visibilità. Professionale non implica necessariamente un'immagine da studio; considerate come lo sfondo, la posa e l'abbigliamento della vostra foto d'autore possano riflettere il vostro marchio e i generi di libri che scrivete. Ovunque appaia la vostra foto, fornite sempre una didascalia con il vostro nome e la vostra tagline.

Il marchio dell'autore può includere il logo, la copertina del libro, la combinazione di colori, il particolare stile di scrittura o di conversazione e le credenziali accademiche. L'insieme di queste caratteristiche genera un marchio riconoscibile che vi rende memorabili e migliora la credibilità della vostra piattaforma autoriale.

Considerate le misure che potete adottare per migliorare il vostro marchio.

La reputazione.

La reputazione misura quanto siete conosciuti, per cosa siete conosciuti e la vostra credibilità. Quando promuovete il vostro libro, tenete conto delle seguenti considerazioni:

- Avete una laurea, una formazione o un'esperienza sostanziale nell'argomento di cui scrivete e/o scrivete?
- Siete in possesso di una qualifica professionale nella vostra area di competenza o potete ottenerla?
- Quali onorificenze o riconoscimenti avete ricevuto?
- Quale esperienza mediatica possiede?
- Quante persone raggiungono i vostri discorsi e le vostre interviste mensili?
- Quante persone visitano il vostro blog?
- Quanti articoli avete scritto, inviato o pubblicato nell'ultimo mese?
- Quanto siete conosciuti e quanto è riconoscibile il vostro nome?

- Quali ruoli di leadership ricopre?
- Perché le persone dovrebbero ascoltarla o leggere le sue opere?

Gli autori di saggistica possono sviluppare una reputazione come autorità sul loro argomento attraverso attività quali la produzione di libri e articoli, i discorsi e gli insegnamenti, la partecipazione a programmi di divulgazione, la citazione in pubblicazioni di altri autori e la stesura delle prefazioni di altri libri.

Gli autori di narrativa possono diventare noti per il loro stile di scrittura e per la loro competenza in un particolare genere (come quello dei bambini, della fantascienza, del romanzo o del mistero) o per la loro specializzazione all'interno di un genere (storie di vampiri, avventure romantiche).

La piattaforma e la reputazione dell'autore possono essere rafforzate da riconoscimenti, recensioni eccezionali e testimonianze e appoggi da parte di celebrità e professionisti del settore.

Cosa potete fare per migliorare il numero di persone che raggiungete con i vostri sforzi di promozione del libro e per aumentare la vostra reputazione di autore e lo status di esperto?

In che modo i vostri materiali di marketing possono mettere in evidenza le vostre credenziali?

Connessioni.

Quando si promuove un libro, chi si conosce è più importante di ciò che si conosce!

Per vendere libri nel mercato attuale, è necessario essere collegati. Ecco alcuni esempi di connessioni che gli autori potrebbero utilizzare per promuovere i loro libri:

- Database di contatti - Clienti, lead, colleghi, amici e familiari.

- Mailing list Opt-in - Persone che vi hanno autorizzato a contattarle.

- Influencer - Celebrità, personaggi di spicco del vostro settore, recensioni di libri, media e blogger.

- Connessioni su Facebook, Twitter e altri social network, gruppi e forum online.

- Lettori del blog - Persone che visitano il vostro blog o si iscrivono al suo feed.

- Associazioni professionali - Membri e leader dell'associazione. Le posizioni di leadership aumentano la visibilità all'interno dell'azienda.

- Altre organizzazioni - Associazioni di ex allievi, gruppi civici e di servizio, club di hobby, ecc..

CAPITOLO 8: PERCHÉ ALCUNI AUTORI NON HANNO MAI SUCCESSO COME AUTORI PER BAMBINI.

1 - Essere eccessivamente interessati al risultato - Nessuno vuole credere che il libro su cui ha lavorato per ore, settimane o mesi fallirà. È inevitabile e bisogna essere pronti ad affrontarlo.

I libri che considerate il vostro lavoro migliore non avranno successo, mentre quelli che avete creato con la metà degli sforzi si eleveranno più in alto di quanto abbiate mai immaginato. Ciò può derivare dal cavalcare la tendenza più recente, da un colpo di fortuna o da altre circostanze sconosciute.

Da non prendere sul personale. Molti autori in erba si arrendono quando il loro primo libro non soddisfa le loro aspettative. Anche se avete fatto tutto il possibile per aiutare il vostro ultimo prodotto ad avere successo, potrebbe essere difficile osservare il suo fallimento.

Se avete esaurito tutte le opzioni possibili, tracciate una linea di demarcazione e passate all'impresa successiva. Troppi autori sprecano denaro cercando di realizzare qualcosa che non avrà mai successo. Non siate eccessivamente attaccati al risultato.

2 - Anticipare la pensione dopo aver pubblicato un libro - A differenza dei film hollywoodiani in cui il protagonista scrive "The End" sull'ultima pagina del suo manoscritto e questo vende a palate, la vita purtroppo segue le sue regole, e una di queste è che bisogna sforzarsi per avere fortuna. Rispetto alle centinaia o migliaia di libri pubblicati ogni settimana, il vostro libro è una goccia nell'oceano: generosità.

Se si confronta un sito web con una pagina con uno con dieci, venti o cento pagine, è ovvio che il sito web con il maggior numero di pagine sarà scoperto da più persone, ma non bisogna scoraggiarsi. Potete aumentare le possibilità di successo del vostro libro distribuendolo al maggior numero possibile di librerie online e al dettaglio. Più sono i luoghi in cui le persone possono trovarvi, meglio è.

Quindi, scartate l'idea che un solo libro sia sufficiente. Lavorate alla seconda e alla terza stesura. Poi, quando entrerete in contatto con il vostro pubblico, avrete ancora più libri da divorare.

3 - Non chiedere mai recensioni - Ammettiamolo, non tutti siamo tipi da vendite, quindi l'idea di avventurarci oltre la nostra cerchia di amici e familiari per vendere il nostro ultimo capolavoro potrebbe essere scoraggiante, ma se siete tormentati da pensieri come "E se non piacesse alla gente?" e "E se le uniche recensioni che ricevo fossero negative?" non riuscirete mai a pubblicare il vostro lavoro. Siete condannati al fallimento.

Se volete avere successo nell'industria editoriale, dovete essere preparati alla possibilità che il vostro libro o voi non piacciate a tutti. Queste persone hanno alzato la mano e hanno dichiarato: "Non sono il vostro pubblico". Allora il vostro obiettivo è trovare il vostro pubblico. Se non chiedete recensioni o non mettete il vostro libro di fronte al maggior numero possibile di persone, vi rendete un grande disservizio.

4 - Andare da soli - Avete mai osservato un artista che fa girare i piatti? Lo osservate con stupore mentre corre da un piatto all'altro, accelerandolo e bilanciandolo prima di tornare al primo. Se questo descrive voi e la vostra scrittura, è solo questione di tempo prima che tutto crolli e vi arrendiate per la disperazione.

Ogni grande casa editrice ha dei team che si occupano dei numerosi compiti necessari per generare e commercializzare un libro. Prima che un libro arrivi sugli scaffali, viene esaminato da correttori di bozze, editor, designer, illustratori e un gruppo di marketing. Se indossate tutti questi cappelli, i vostri romanzi non avranno mai il successo che potrebbero avere. Lo so per esperienza personale.

Se non avete le risorse per assumere qualcuno che si occupi di tutte queste attività, cominciate con le piccole cose e individuate qualcuno che possa occuparsi delle vostre responsabilità più deboli. Andate su Fiverr.com e assumete qualcuno per creare le copertine dei vostri libri, se non volete crearle voi.

Poi, assumete qualcuno con competenze di copywriting per comporre i trafiletti e le descrizioni del vostro libro, e infine uno specialista nella promozione del libro. Non è necessario che sia complesso o costoso. Più a lungo continuerete a svolgere tutti questi ruoli, più tempo impiegherete per raggiungere il successo.

Non esaminate la vostra scrittura come farebbe un imprenditore: McDonald's non aprirebbe mai un ristorante in un'area in cui nessuno cammina, Walmart non caricherebbe mai i suoi scaffali di cose che nessuno desidera e Amazon non vi venderebbe mai un solo articolo sulla strada verso la pagina del checkout.

Tuttavia, quanti autori commettono questi errori? Scrivere per un pubblico che non esiste, pubblicare libri che nessuno vuole e avere un solo libro da vendere invece di una serie. Troppi, e questo è il modo in cui dovreste concentrarvi sulla vostra scrittura e sui vostri libri in futuro.

Se qualcosa è inefficace, vi fa perdere denaro o vi fa perdere troppo tempo, lasciate perdere e passate oltre. Concentrate il vostro tempo e le vostre energie su ciò che funziona e ripetete la procedura.

Se un libro ha successo, create un sequel, un prequel o qualsiasi altro seguito che possa fornire ulteriori entrate. Se avete speso 100 dollari per promuovere il vostro ultimo libro e ne avete guadagnati solo 50, non c'è bisogno che vi dica che è stata una decisione commerciale sbagliata.

Alla fine, un libro è un bene, niente di più e niente di meno. Rifiutate l'idea che sia un'opera d'arte o un'indicazione di chi siete. Le persone che hanno questo tipo di visione vivono la vita di un artista affamato.

CAPITOLO 9: DALLA PRESENTAZIONE AL CONTRATTO AL MARKETING DEL LIBRO ALLA PROFESSIONE DI SCRITTORE.

Imparare il mestiere di scrivere è la pietra miliare della scrittura di romanzi per ragazzi o di qualsiasi altro genere. In qualità di autore per bambini, è necessario acquisire le linee guida e le tecniche uniche per scrivere storie adatte all'età, con un vocabolario e trame adatte all'età.

Una volta che vi siete presi il tempo necessario per padroneggiare le vostre abilità e avete valutato, rivisto e modificato il vostro manoscritto, la strada della scrittura tradizionale per i libri per bambini continua con la presentazione, la promozione e la carriera di scrittore.

Scrivere libri per bambini: Invii.

Prima di pensare di presentare il vostro lavoro ovunque, assicuratevi di aver preso le misure essenziali per padroneggiare il mestiere di scrivere. Il vostro manoscritto deve essere il più curato possibile.

Esistono due tipi di presentazione: quella agli editori e quella alle agenzie. In Ho raccomandato di "ricercare gli agenti" prima di sottoporli.

Prima di sottoporre una domanda a un agente, è necessario conoscere le sue intenzioni, soprattutto prima di apporre la firma sul contratto. Ciò implica la determinazione del tipo di agente, del genere che rappresenta e della piattaforma che offre: soddisfa i suoi autori o si fa valere? Sono passivi, aggressivi, coinvolti o compiacenti?

Lo stesso consiglio vale per la presentazione alle case editrici: prima di presentarle, fate una ricerca su di esse. Conoscete i generi di libri per bambini che pubblicano e i tipi di trame che cercano.

Sia che si invii a un editore che a un agente, bisogna sempre attenersi ai requisiti di presentazione e personalizzare la domanda. In alcuni casi, le linee guida non specificano il nome dell'editore a cui inviare la domanda, ma se riuscite a trovare questa informazione, utilizzatela.

Altrettanto essenziale è sapere come proporre il proprio racconto. Si tratta di scoprire l'aggancio della storia. Gli agenti e gli editori sono interessati anche agli elementi di vendita del libro e alle somiglianze con altre pubblicazioni di successo.

Inoltre, si aspettano di essere informati sul vostro approccio di marketing. Prima di inviare il vostro lavoro, dovreste stabilire una presenza e una piattaforma internet; informate gli agenti e gli editori che promuoverete il vostro libro in modo aggressivo.

Oltre all'aggancio del racconto, dovete trasmettere: chi è il vostro personaggio principale e di cosa si occupa; l'azione che spinge la storia; la difficoltà del protagonista e, se l'ostacolo non viene superato, la posta in gioco.

Esaminate "il retro dei libri pubblicati" per determinare quanto siano concisi ed efficaci nell'esprimere la sostanza della storia. Questo vi fornirà un esempio di come scrivere il vostro riassunto.

Mantenete la domanda breve e professionale e la biografia concisa e pertinente. Dovete catturare l'attenzione dell'editore o dell'agente e invogliarlo a leggere il vostro manoscritto.

Ecco quattro strumenti che possono aiutarvi nella ricerca di un editore o di un agente:

1. Dove vendere il proprio lavoro e come farlo.

Oltre 700 annunci di case editrici, riviste, agenti, rappresentanti d'arte e altro ancora. WritersMarket.com è una piattaforma online che può aiutarvi a commercializzare i vostri scritti.

2. Il contratto del libro.

Se fate le vostre ricerche, il vostro romanzo troverà prima o poi una casa. Se ricevete i primi rifiuti, non lasciatevi scoraggiare. Un'autrice pubblicata può anche non essere la migliore scrittrice, ma è senza dubbio un'autrice tenace.

Dovete chiedere una spiegazione se non capite qualcosa del vostro contratto. Dopo aver firmato un contratto, sarete "messi in fila" e a un certo punto comincerete a fare l'editing con l'editor dell'editore. Tra l'inizio della procedura di pubblicazione e l'effettiva uscita del libro possono passare da uno a due anni..

3. Promozione del libro.

Qualche mese prima dell'uscita del vostro libro, dovreste iniziare a promuoverlo per incrementare le vendite. A tal fine, dovrete creare un sito web e una piattaforma per autori; dovrete promuovere voi stessi e il vostro lavoro.

Dopo la pubblicazione del libro, dovrete impegnarvi in tour virtuali del libro, ospitate radiofoniche nei blog, visite nelle scuole e altre tecniche tipiche di promozione del libro. Potrete occuparvene da soli o affidarvi a un'azienda di promozione del libro o a un pubblicista.

4. Una carriera da scrittore.

Ora che avete il vostro libro, lo spingete come un matto (è un processo continuo). La fase finale e successiva consiste nel ripetere la procedura. Non vorrete essere un caso isolato, quindi spero che abbiate scritto altri pezzi. In caso contrario, iniziate immediatamente. Un autore pubblica un libro in media ogni uno o due anni.

Oltre a mantenere l'entusiasmo per la creazione di libri per bambini, la pubblicazione di libri apre le porte ad altre opzioni di scrittura, come la partecipazione a conferenze, workshop e/o teleseminari e coaching.

Molti esperti di marketing affermano che il vostro "libro" è il vostro biglietto da visita; dimostra le vostre capacità e vi promuove come autorità nella vostra professione o specialità. Approfittate di questi nuovi canali di esposizione e di guadagno.

CAPITOLO 10: MARKETING LIBRARIO ONLINE.

Se avete completato il lancio del libro, i comunicati stampa, le interviste ai media, i colloqui in biblioteca, le firme nei negozi, le visite alle scuole, ecc. e non sapete cosa fare dopo, potreste voler promuovere il vostro libro online.

Milioni di siti web e blog sono rivolti a lettori di libri, autori, educatori, bambini, adolescenti, ecc. e altre centinaia (se non migliaia) affrontano ciascuno degli argomenti e dei problemi trattati nel vostro libro.

Considerate ogni sito e blog come un "luogo virtuale" per promuovere il vostro libro.

Ci sono due tecniche principali per raggiungere questo obiettivo:

1. Il proprietario del sito web o del blog (o un membro dello staff) vi invierà per e-mail una serie di domande e voi risponderete via e-mail. Poi, le vostre risposte (potenzialmente modificate) alle loro domande vengono inserite nel loro sito web. Possono anche promuoverlo nella loro newsletter o e-zine o invitare i loro abbonati a inviare domande per voi.

2. Pezzi: Vi accordate per scrivere uno o più brevi articoli da pubblicare sul loro sito web o sulla loro newsletter.

Dopo ogni intervista o articolo, potete menzionare il vostro libro e dove può essere acquistato. Questo è il vostro compenso. Non dovete aspettarvi un compenso per l'intervista o il pezzo in sé; lo fate per pubblicità, non per denaro.

Create un elenco di tutto ciò che il vostro libro tratta, compreso il tema principale, i sottotemi, i luoghi, i problemi, ecc. Includete le cose che avete indagato durante la stesura del libro, anche se sono state tagliate dalla bozza finale.

Ci saranno altre aree di cui ora avete una certa conoscenza, come la stesura del libro, la ricerca di un agente o di un editore, l'eventuale autopubblicazione, l'individuazione e la collaborazione con un copertinista, i discorsi, le presentazioni di libri, ecc. Probabilmente sarete sorpresi dalle dimensioni dell'elenco finale.

Ognuno di questi temi sarà trattato da un numero impressionante di siti web e blog, e molte di queste piattaforme internet cercheranno contenuti freschi. Pertanto, utilizzate il vostro motore di ricerca preferito per ricercare ogni voce del vostro elenco.

Probabilmente ci saranno milioni di risultati per ogni argomento. Considerate le prime due pagine dei risultati di ricerca e selezionate una manciata di siti web più rilevanti. Quindi, inviate un'e-mail ai proprietari del sito chiedendo se desiderano realizzare un'intervista con voi o se volete che scriviate un articolo pertinente per il loro sito.

Documentate i siti che avete contattato e le loro eventuali risposte. Se i siti più grandi non rispondono, riprovate una settimana dopo ed eventualmente una settimana dopo. Potreste anche pensare di contattarli per telefono o per posta invece che per e-mail.

Non rinunciate ai siti di grandi dimensioni finché non ricevete un "sì" o un "no" definitivo: probabilmente ricevono migliaia di visitatori. Immaginate una firma di un libro nel mondo reale a cui partecipano migliaia di persone. Non volete che un'occasione del genere vada persa perché il proprietario del sito era troppo occupato per rispondere alla vostra e-mail.

La promozione di libri online presenta alcuni vantaggi significativi rispetto alla partecipazione a eventi promozionali di persona.

- Non sono previsti spostamenti, con un notevole risparmio di tempo e denaro.

- Non rimarrete mai a corto di luoghi; passerete semplicemente alla pagina successiva dei risultati della ricerca o alla voce successiva della vostra lista.

- È possibile visitare più luoghi in un solo giorno.

- Potete coprire un'area molto più vasta, l'intero pianeta.

- Anche la più piccola sede online ha in genere un pubblico molto più vasto di un singolo evento di firma del libro di persona.

- Il vostro post o intervista rimarrà online e continuerà a generare entrate per anni.

- Non è necessario avere una voce meravigliosa o la capacità di pensare a risposte rapide..

Una volta completati alcuni di questi articoli o interviste, diventerà molto più semplice, poiché potrete riciclare gli stessi commenti e concetti fondamentali con poche modifiche.

Tuttavia, come non esistono due presentazioni o interviste identiche nel mondo reale, dovreste sforzarvi di rendere unico ogni evento online. Cercate di adattare la vostra scrittura al tono e al pubblico di ogni sito web.

Considerate quanto tempo impieghereste per prepararvi, viaggiare e presentare un evento simile nel mondo reale. Sarete in grado di completare l'evento online in una frazione del tempo e probabilmente otterrete risultati migliori, il tutto senza lasciare la vostra scrivania.

CAPITOLO 11: ASSICURATEVI DI AVERE UNA COPERTINA NOTEVOLE.

Si dice che si possa giudicare un libro dalla copertina. Non è esattamente così. Ci possono essere libri eccellenti con copertine mediocri e libri mediocri con copertine eccellenti. C'è una certezza. Le copertine eccellenti fanno vendere i libri.

Ho avuto alcuni libri in cui una copertina funzionava in modo eccezionale, mentre l'altra no. Il mio errore è stato quello di cercare di dare un marchio a una serie dello stesso autore cercando di far coincidere il design del secondo libro con quello del primo.

Il problema era che il secondo libro trattava un argomento diverso e richiedeva un approccio diverso. La volta successiva, mi affiderò all'esperienza professionale e fornirò un contributo per quanto riguarda il mercato di riferimento. Tuttavia, ho alcune osservazioni da fare sullo stile della copertina.

Adoro la semplicità e l'audacia. Voglio che l'acquirente riconosca immediatamente il titolo e l'argomento del libro. Voglio che il titolo e il sottotitolo siano chiari, a meno che il sottotitolo non serva a chiarire il contenuto. Parlo per esperienza personale.

Ho pubblicato un libro sulla scrittura di saggi intitolato Vorrei averlo avuto quando andavo a scuola, molto più di dieci anni fa. Anche se il titolo era grande e in grassetto, non indicava la sostanza del libro. Il titolo del libro deve trasmettere una personalità distinta, soprattutto nel settore della saggistica.

L'eccesso di contenuti in una copertina è l'unica cosa che ho evitato. Tutti abbiamo visto copertine di libri in cui ogni centimetro quadrato è pieno di grafica o di testo promozionale. È eccessivo. Inoltre, non è leggibile da lontano. Vorrei che un acquirente fosse in grado di leggere quel titolo da almeno tre o quattro metri di distanza in una libreria.

Questo mi porta al prossimo punto: lo spazio bianco. Le pagine con testo eccessivo devono avere spazio bianco. Ora, non vi sto raccomandando di usare il bianco come sfondo per la copertina di un libro, anche se, come potreste immaginare, funziona eccezionalmente bene per alcuni libri.

Alcuni autori consigliano invece di utilizzare "un colore, una texture o un'illustrazione di sfondo". Inoltre, è necessario uno spazio bianco, ma non uno sfondo bianco.

Quando ho scelto un design per un libro d'affari, non ho osservato da vicino le copertine di libri simili. Ho controllato il confronto dei prezzi, ma non i design delle copertine. Visitate la vostra libreria di fiducia se state leggendo un libro economico, un libro per bambini o qualsiasi altro genere. Esiste un modello che colpisce il vostro sguardo e che potrebbe funzionare, anche solo come concetto generale, per il vostro prossimo libro?

Un ultimo consiglio è quello di parlare con un editore locale. Qualche anno fa, ho partecipato a una conferenza in cui un importante editore ha tenuto una presentazione sul design e ha chiesto ai partecipanti di sottoporre i loro libri alla valutazione.

Vorrei che questo dialogo fosse avvenuto prima di pubblicare uno dei miei romanzi. Il contenuto era eccellente. Tuttavia, una copertina migliore avrebbe aumentato le vendite. Questa è una lezione che vorrei impartirvi.

Le copertine eccellenti fanno vendere i libri.

CAPITOLO 12: SUGGERIMENTI PER TROVARE EDITORI DI LIBRI PER BAMBINI.

Il numero di persone che credono di creare un libro per bambini perché è semplice vi dirà che scrivere è difficile. Quando avete una storia scritta che credete possa avere successo nel mercato dei bambini, dovete trovare un editore specializzato in questo tipo di scrittura; avete bisogno di un editore di libri per bambini.

Per assicurarvi di trovare un editore che condivida il vostro entusiasmo per l'intrattenimento e l'insegnamento ai bambini, ci sono alcuni aspetti che dovete considerare quando scegliete un editore di libri per bambini.

La priorità deve essere la stesura di un documento eccellente. Il desiderio di autopubblicazione è aumentato notevolmente negli ultimi anni, poiché le case editrici non accettano più molti nuovi autori, ma lavorano con autori già affermati. Per entrare in contatto con una casa editrice di libri per ragazzi è necessario presentare un manoscritto eccellente. Volete che la casa editrice legga il vostro articolo, ne determini il valore e si offra di pubblicarlo a vostro nome.

Trovate case editrici specializzate in letteratura per l'infanzia. Non tutte le case editrici sono esperte nella pubblicazione di libri per bambini. Poiché si tratta di un mercato di nicchia, dovete trovare una casa editrice che si concentri sulla distribuzione del vostro libro a una fascia d'età appropriata.

Quando si sceglie un editore per un libro per bambini, è essenziale trovare una casa editrice con una solida reputazione nel mercato dei bambini. Dovete assicurarvi che la casa editrice scelta vi aiuti a pubblicizzare il vostro libro e a far sì che in futuro raggiunga il pubblico appropriato. Non accettate un contratto da nessuna casa editrice, ma aspettate di vedere cosa offrono tutte le case editrici per poter scegliere l'opzione migliore.

Durante questa procedura, dovete ricordare che le case editrici non accettano più tutti i libri. In realtà, passare attraverso una casa editrice può essere estremamente intimidatorio perché è necessario un agente che si rivolga alle case editrici per vostro conto, il che può essere lungo e laborioso. Ecco perché l'autopubblicazione è diventata un'attività così popolare, che consente agli autori di pubblicare e distribuire le proprie opere nei tempi previsti.

L'autopubblicazione consente di mantenere il controllo completo sul proprio lavoro. Siete voi a scegliere il metodo di pubblicazione, se un libro viene stampato o pubblicato online. Potete decidere in base a ciò che ritenete ottimale per il vostro lavoro e al metodo ottimale per distribuirlo.

Il self-publishing vi permette di controllare efficacemente il vostro futuro con l'assistenza di un editore esperto che può fornirvi una pletora di indicazioni e assistenza.

Utilizzate gli strumenti di assistenza all'autore che i professionisti dell'autopubblicazione possono fornirvi. Quando si pubblica un libro per bambini, è necessario che la copertina e le immagini siano accattivanti per mantenere viva l'attenzione del bambino.

La casa editrice che sceglierete dovrebbe essere in grado di fornirvi una guida utile, di avere designer interni che vi assistano con le illustrazioni e la progettazione della copertina, e di fornire la correzione delle bozze e l'editing come ulteriore comodità.

Ricordate sempre, durante la ricerca di case editrici di libri per bambini, di dedicare il tempo necessario a conoscere il più possibile l'azienda attraverso le recensioni su Internet e i feedback dei clienti, in modo da poter decidere con sicurezza cosa fare del vostro lavoro.

CAPITOLO 13: SCRIVERE PER I BAMBINI E CONQUISTARE I GENITORI.

Il talento di saper comunicare in una lingua parlata dal pubblico di riferimento è ovvio. La scelta di un argomento con cui il bambino possa relazionarsi è fondamentale. Anche in questo caso, a seconda dell'età del bambino, spesso si ritiene necessario includere delle immagini; tuttavia, ai bambini di tutte le età piace vedere le illustrazioni.

È necessario comprendere ciò che i bambini e i loro genitori desiderano dalla lettura. È fondamentale mantenere la felicità e il piacere della storia per i bambini, facendo appello alla loro creatività ed energia creativa, ma cosa convincerà i genitori ad acquistare il libro?

I genitori cercano anche libri che abbiano un valore educativo per i loro figli. Le parole e i concetti nuovi sono di per sé istruttivi. Tuttavia, spesso i genitori vogliono qualcosa di più tangibile, un mezzo per quantificare il successo del libro in termini di valore educativo per i loro figli.

L'inclusione di attività all'interno del testo del libro potrebbe conferirgli una qualità distintiva che piacerà sia ai bambini che ai loro genitori. Un glossario di parole sconosciute o poco comuni può garantire che bambini e genitori comprendano correttamente il materiale e che i ragazzi non si chiedano continuamente cosa significhi una determinata parola.

Un enorme libro contenente storie e attività era un comune regalo di Natale in passato. Questi annuari erano sempre molto apprezzati perché includevano diverse attività che i bambini potevano completare durante la lettura delle storie. L'aggiunta di quiz, cruciverba, esercizi di scrittura e disegno/colorazione migliorava la storia per i bambini e i loro genitori.

Attualmente, i libri con più attività che narrazioni stanno guadagnando quote di mercato. Tuttavia, se combinate il vostro talento per la narrazione con attività appropriate e divertenti, farete appello sia ai bambini che ai loro genitori e aumenterete le probabilità di successo della vostra scrittura.

Grazie a Internet, è possibile produrre e-book con grafica a colori senza essere vincolati dalle spese di produzione. Questo, ovviamente, implica che i vostri libri possono essere meno costosi di quelli venduti nei negozi.

Si tratta di un processo più complesso per quanto riguarda la pubblicità e il marketing del libro per generare vendite. Gli esperti di marketing su Internet sono generalmente d'accordo sul fatto che scrivere e pubblicare articoli sia uno dei metodi migliori per stabilire la credibilità di un autore per bambini. Includete un box di riferimento alla fine dell'articolo con un link al vostro sito web (o all'e-mail) dove il libro può essere acquistato.

Siete avvantaggiati rispetto agli altri, perché potete scrivere e produrre un articolo che non sia "un grosso problema". Assicuratevi di inviare il vostro post alla e-zine, alla newsletter o alla categoria appropriata su siti web come questo: dovete rivolgervi a clienti che hanno figli, per esempio. Mamme.

Se decidete di rivolgervi alla vostra chiesa o scuola, provate a stabilire un programma di affiliazione in cui l'organizzazione riceva una commissione (circa il 50%) per promuovere il vostro libro al posto vostro, ad esempio attraverso una testimonianza.

Non preoccupatevi di offrire grandi commissioni; non avete spese aggiuntive dopo aver scritto il libro. Questo è un metodo meraviglioso per dimostrare il vostro spirito comunitario e migliorare la vostra reputazione di autori compassionevoli per bambini. I genitori apprezzeranno la vostra gentilezza, mentre i ragazzi apprezzeranno il vostro libro.

CAPITOLO 14: AUMENTARE LA VISIBILITÀ DEL VOSTRO LIBRO PER BAMBINI AUTOPUBBLICATO.

Congratulazioni! Avete appena pubblicato il vostro libro per bambini in modo indipendente! Ora, come fare per farlo conoscere al pubblico? La promozione del libro richiede molto lavoro e perseveranza. Il successo non arriva da un giorno all'altro, indipendentemente da quanto lo si desideri. Di seguito sono riportati alcuni approcci che ho attuato o pianificato per promuovere i miei libri per bambini.

1. Creare un sito web. Mostrate il vostro libro! Create un file PDF di anteprima del vostro libro! La maggior parte degli acquirenti vorrà un'anteprima

prima dell'acquisto, quindi fornitela. Create un link per l'acquisto del libro.

2. Creare un blog e creare una rete di contatti con altri autori.

3. Create una pagina fan su Facebook e un account Twitter. Presentate la vostra pagina fan su Facebook ai vostri amici. Seguite su Twitter persone che condividono i vostri interessi. Anche la pubblicità su Facebook è possibile, ma solo se si dispone di fondi sufficienti.

4. Ottenere recensioni. Chiedete ad altri autori di libri per bambini autopubblicati di recensire il vostro libro in cambio della recensione del loro. Pubblicate queste testimonianze sul vostro blog o sito web.

5. Biglietti da visita! Andate su Vistaprint.com. Potete inviare i vostri modelli o utilizzare i loro. Distribuite i biglietti da visita ogni volta che è possibile. Se avete dei bambini, portateli al parco e distribuiteli agli altri genitori.

6. Se il vostro libro per bambini fa parte di una serie, offrite la prima puntata su eBay. Ho avuto il maggior numero di visualizzazioni e offerte quando ho iniziato con un prezzo di partenza di 0,01 dollari e la spedizione gratuita. Probabilmente subirete una perdita finanziaria, ma il vostro libro sarà acquistato da un lettore che non l'ha mai letto. Offrite uno sconto sugli altri libri se i clienti apprezzano il primo. Includete anche il vostro biglietto da visita!

7. Scrivete lettere agli asili e alle biblioteche illustrando il vostro libro e spiegando perché dovrebbero averlo. Se possibile, offrite loro uno sconto speciale.

8. Adesivi o magneti per il paraurti della vostra auto! Disegnateli come meglio credete e assicuratevi di includere il vostro sito web!

9. Attaccate i volantini con linguette a strappo alle bacheche. Molti negozi di alimentari e biblioteche li hanno. Provate anche nelle pizzerie! Potrebbe essere necessario informarsi prima di appenderli.

Assicuratevi di controllarli almeno settimanalmente. (*Togliere una linguetta. Questo darà l'impressione che la gente sia interessata al vostro volantino. Questo è stato provato e funziona!)

Alcuni siti web offrono pubblicità a basso costo! Forniscono un servizio di scambio di banner, ma è anche possibile acquistare impressioni sui banner e click sul sito web. I siti web aggiungono un codice al loro sito e quando qualcuno visita il loro sito, riceve una visualizzazione del banner su un altro sito web.

Pertanto, quando acquistate i clic, pagate perché le persone clicchino sui vostri banner. Si tratta quindi di persone reali che hanno cliccato sul vostro banner perché ha attirato la loro attenzione. Esaminare l'efficacia di una campagna a basso costo implementandola.

CAPITOLO 15: FARE DEL PROPRIO LIBRO PER BAMBINI UN BESTSELLER.

Congratulazioni! Avete pubblicato un libro per ragazzi. Ora, la fase successiva e più cruciale è la promozione. I bambini sono lettori affezionati, ma prima sono difficili da coinvolgere. Questa pagina elenca i siti web che promuovono la letteratura per bambini e giovani adulti.

1. Bookmarket - È una pagina che fornisce consigli sulla promozione. Il libro 1001 modi per pubblicizzare il tuo libro di John Kremer è una risorsa preziosa per tutti gli autori. Il mercato degli scrittori e degli illustratori per bambini di Writer's Digest comprende un elenco di editori e suggerimenti per la scrittura.

2. Le recensioni sono un metodo eccellente per pubblicizzare il vostro libro. Il vostro libro ne beneficia in modo considerevole. Inviate richieste di omaggi, recensioni e interviste a tutti i blog e siti web, indipendentemente dalle loro dimensioni.

3. Leggete il vostro libro in una biblioteca locale per bambini o donate una copia a una scuola. Potete lasciare i libri ovunque i giovani li frequentino.

4. Un podcast e un trailer commercializzano efficacemente un libro. Il rimedio per i bambini troppo pigri per leggere è un podcast.

5. Sceneggiatura - La scrittura di sceneggiature è considerata del tutto distinta dalla scrittura di romanzi. I libri più popolari vengono adattati in film e trasmissioni radiofoniche. Tuttavia, potete utilizzare questa strategia per pubblicizzare il vostro libro.

6. La BBC e altre emittenti radiofoniche accettano le proposte. Tuttavia, l'accettazione è spesso impegnativa. Molti concorsi di sceneggiatura sono

aperti anche ad autori dilettanti. I bambini amano la televisione.

7. Testimonianze I consensi di personaggi famosi possono giovare al vostro libro.

8. È un ottimo metodo per far sapere ai bambini che il vostro libro è stato pubblicato. Questo metodo è più efficace per la letteratura destinata a un pubblico più adulto. Annunciate la pubblicazione del vostro libro su una rivista o un giornale per bambini. Questo può comportare dei costi. Inoltre, potete scrivere per una rivista per bambini o fare interviste per promuovere il vostro libro.

9. Volantini, poster, ecc. - La loro stampa richiede denaro, ma possono avere successo, soprattutto con i bambini.

10. La pubblicità sui siti web che presentano i contenuti del vostro libro o contenuti simili a quelli del vostro libro aumenterà le vendite. La pubblicità in televisione è la tecnica più efficace per attirare

l'attenzione dei bambini, ma è costosa e i bambini potrebbero non gradire la pubblicità di un libro.

11. Essere presenti nei cataloghi di libri per bambini.

I premi e i riconoscimenti letterari sul sito web possono contribuire ad aumentare le vendite dei libri. Anche in questo caso si tratta di un problema, poiché i premi letterari hanno standard di selezione molto severi. Molti bibliotecari amano acquistare le pubblicazioni premiate. Questo aumenta anche la visibilità del libro.

Molti giovani sviluppano l'abitudine di leggere i libri della collezione della biblioteca. Per i bambini sotto i dodici anni, la biblioteca scolastica è la porta d'accesso al mondo della letteratura.

Assicuratevi che i vostri libri siano disponibili nelle biblioteche pubbliche e anche in quelle scolastiche. I bambini hanno un potere d'acquisto limitato, ma se apprezzano uno dei vostri libri gratuiti e decidono di acquistarne altri, c'è la possibilità che lo facciano.

In genere, consiglierei di utilizzare i social network, ma se le vostre opere sono destinate a bambini di età inferiore ai dodici anni, è inutile. Promuovete il libro sui siti web di insegnanti e studenti. Consigliatelo per i compiti di lettura in classe o per le settimane del libro. Cercate di esercitare un'influenza sulle persone e sulle scuole nelle vostre vicinanze.

Dato che la maggior parte dei bambini guarda Internet con un filtro, i siti web non sono molto utili per i bambini. Pertanto, non consiglio la letteratura elettronica ai bambini. Gli adolescenti sono più ricettivi agli e-book e influenzati da Internet. Inoltre, sebbene il denaro sia essenziale, non influenza in modo significativo i romanzi per bambini rispetto alle pubblicazioni per adulti.

CAPITOLO 16: UTILIZZO DI BOBBLE HEAD PERSONALIZZATI PER LA PROMOZIONE.

Alcuni individui vendono un prodotto. Altri costituiscono il prodotto. Per ottenere nuove possibilità, dovete impegnarvi nell'autopromozione se siete uno scrittore, un cantante, un politico, un artista, un personaggio pubblico o comunque un lavoratore autonomo. Avete una carta d'identità. Avete distribuito volantini. Avete bisogno di un modo nuovo per raggiungere potenziali clienti ed elettori.

Considerate le figure personalizzate!

Perché ordinare dei Bobble Heads personalizzati?

Queste statuette non solo mettono il vostro nome davanti al pubblico, ma mettono anche voi davanti al pubblico. Una statuetta artigianale offre una maggiore riconoscibilità del nome rispetto a una matita o a una scatola di fiammiferi per un politico che vuole mantenere l'accessibilità. Se siete uno scrittore, un artista o un musicista che compete con altri aspiranti scrittori, pittori e musicisti per attirare l'attenzione, una statuetta è superiore a poster e segnalibri.

Le figurine personali creano un legame tra voi e il vostro pubblico. Poiché il volto della statuetta è tipicamente una caricatura, essa fornisce anche umorismo, rendendovi più avvicinabili. Lei non è il senatore Smith, ma il mio simpatico e gentile senatore Smith. Non sei il chitarrista Crash Jones; sei un membro amante del divertimento di una band fantastica.

Anche un bobblehead personalizzato è poco comune. Sarete ricordati quando ne includerete uno nella vostra cartella stampa o lo distribuirete agli eventi. Poiché le statuette sono durevoli, i potenziali clienti si ricorderanno di voi molto tempo dopo che i biglietti da visita e i calendari della concorrenza saranno stati scartati.

Come fare pubblicità con un bobble-head.

Un bobblehead personalizzato è uno strumento adattabile. Aggiungetelo alla vostra cartella stampa. Distribuitela a concerti, mostre, raduni, convention, presentazioni di libri, festival e fiere. Utilizzatela come premio per i concorsi di blog e come omaggio per i tour online e reali. Includetelo nei cesti regalo promozionali, nelle borse regalo e nei regali di ringraziamento.

Una statuetta personalizzata del vostro personaggio principale può attirare i bambini al vostro tavolo durante la firma di un libro se siete autori di un romanzo. Indipendentemente dalla vostra attività, non esitate mai a utilizzare la vostra bambola come regalo per i bambini.

Se vi rifiutate, sarete ricordati come scortesi. D'altro canto, se regalate un bobblehead a un bambino che lo richiede, sarete percepiti come un generoso amante dei bambini, il che è sempre un'immagine positiva.

Ogni volta che vi presentate di persona, che si tratti di una scuola, di una tappa della campagna, di una lettura o di una telefonata di vendita, tenete a portata di mano la vostra figurina e il pacchetto informativo. Non si sa mai quando si presenta un'opportunità promozionale.

Selezione della statuetta personalizzata:

- Quale deve essere l'aspetto del vostro bobblehead?

- È una copia carbone di voi stessi, del vostro gruppo o della vostra personalità?

- Quali azioni deve compiere la vostra figura?

- Avete bisogno di uno sfondo?

- Di quante informazioni avete bisogno?

Al momento della scelta, cercate una società di produzione che riconosca e promuova la vostra visione.

Scegliete un'azienda che abbia bisogno del vostro consenso in ogni fase della produzione. Assicuratevi che il vostro bobblehead personalizzato sia realizzato con materiali sicuri e duraturi. Considerate l'esperienza, la reputazione di qualità e il servizio clienti di un'azienda.

Quando siete il prodotto, avete bisogno della pubblicità più efficace. Includete un bobblehead personalizzato nei vostri materiali promozionali!

CAPITOLO 17: CONSIDERAZIONI DA FARE PRIMA DI PUBBLICARE UN EBOOK PER BAMBINI.

Credevo che scrivere un libro per bambini sarebbe stato semplice. Ho usato la mia mente matura. Dopo aver cercato su Internet suggerimenti su come scrivere libri per bambini, ho scoperto che non bastava sedersi al computer.

Per prima cosa, dovevo stabilire la fascia d'età a cui volevo rivolgermi. Il vocabolario e l'interesse dei bambini variano tra i cinque e gli otto anni, tra i nove e i dodici e tra i tredici e i quindici.

Ho trascorso una giornata nell'area bambini della libreria, esaminando il linguaggio che ogni fascia d'età era in grado di comprendere, il tipo e la quantità di illustrazioni, la lunghezza dei libri, gli argomenti di interesse per ogni fascia d'età e il modo in cui i bambini della sezione interagivano con le loro selezioni.

Poi ho dovuto decidere il genere in cui volevo scrivere (avventura, fantasy, fantascienza, esperienze personali, ecc.) e i criteri di lunghezza del libro. Per ognuno di questi fattori esistono descrizioni online. Ho cercato nei siti web di libri fantasy e di fantascienza per vedere su quali argomenti hanno scritto altri autori. Quali romanzi sono stati premiati e perché?

Ho anche ricercato le tendenze degli stili grafici e di immagine utilizzati per ogni fascia di età sui siti web dedicati ai libri per bambini. Poiché mi stavo preparando a diventare insegnante, ho utilizzato anche le risorse degli insegnanti per vedere quali libri di testo venivano utilizzati per bambini di varie età.

Anche i siti web di Amazon, Barnes & Noble e Borders sono stati strumenti utili per dimostrare quali fossero i libri più popolari tra le varie fasce d'età.

L'approccio cartaceo era troppo lungo, costoso e intimidatorio in questa fase, quindi ho scelto di autopubblicarmi online. Nella sezione Kindle Book Publishing del sito web di Amazon, gli autori Kindle in erba troveranno sufficiente supporto.

Per quanto riguarda il marketing del mio eBook, ho investito in servizi online che istruiscono sull'uso di blog, pubblicità e tattiche editoriali per attirare gli acquirenti del libro. Inoltre, imparerete a stabilire il prezzo del vostro Ebook, a sapere quante persone hanno avuto accesso alla descrizione del vostro libro e a monitorare le classifiche promozionali. Potete anche creare un sito web per incoraggiare le persone ad acquistare il vostro libro.

A seconda di dove intendete vendere il vostro libro, dovete formattarlo secondo le linee guida. Seguite attentamente queste linee guida se volete che il vostro libro sia leggibile senza sforzo. Ho visto libri con strani simboli sparsi nel testo. Alcuni servizi fanno tutto a pagamento, con la possibilità di farlo da soli. Utilizzando un sito web, ho sviluppato una copertina da utilizzare con la mia descrizione su Amazon.

Questa è solo un'introduzione alla scrittura, alla pubblicazione e alla vendita di eBook per bambini. Sono certo che potrete trovare molte altre risorse online che vi forniranno le informazioni di cui avete bisogno. Lasciate che la vostra immaginazione fluisca liberamente, ma tenete sempre presente il pubblico a cui vi rivolgete mentre scrivete.

CAPITOLO 18: CONSIGLI DI MARKETING PER I LIBRI CHE VI AIUTERANNO A VENDERE PIÙ COPIE.

Non è mai esistito un libro più venduto senza una qualche forma di sforzo. Anche autori leggendari sono stati messi a dura prova prima della pubblicazione e della diffusione tra i lettori. Per passare da scrittore sconosciuto ad autore di bestseller occorrono impegno, perseveranza e strategie di marketing. Ecco cinque idee di marketing da prendere in considerazione.

1. Aumentare la visibilità su Internet. Se non avete un sito web, createne uno. Unitevi a una comunità di social media, se non siete già coinvolti in una di esse. Includete una pagina di testimonianze sul vostro sito web, chiedete a qualcuno di recensire il

vostro libro sulla vostra pagina Facebook, rendetevi visibili su Twitter, valutate la possibilità di ospitare sessioni di domande e risposte su Google+ e ottimizzate il vostro sito web per i motori di ricerca.

Le persone vengono a conoscenza di nuovi libri da Internet, dagli amici, dalle librerie o dalla pubblicità. Le piattaforme di social network hanno aumentato la quantità di pubblicità del passaparola, permettendo ai lettori di scoprire nuovi autori. Pertanto, ampliate la vostra presenza su Internet.

2. Non lasciate che la tecnologia e le tendenze vi scoraggino dall'implementare l'ebook marketing. Molti autori offrono ora edizioni in ebook delle loro opere. Secondo BookStats, la narrativa per adulti ha portato il fatturato degli ebook a 1,27 miliardi di dollari in un paio d'anni, mentre le vendite di ebook per bambini sono triplicate nello stesso arco di tempo. Con 84 milioni di iPad venduti in tutto il mondo e le tavolette da lettura che aumentano le loro consegne, non dovreste trascurare il potenziale redditizio del marketing dei libri elettronici.

3. Affidate la vostra strategia per gli ebook a un esperto. Potete ricevere molti invii del vostro libro ai siti web di ebook marketing di alto livello, campagne su Twitter e altri sforzi strategici, come un concorso per la recensione di un fan, spendendo il meno possibile per aumentare l'esposizione del vostro libro.

4. Esplorate il vostro libro sul web. Promuovete il vostro libro sui siti di blog associati al vostro genere o a un mercato specifico. Questo è un ottimo metodo per attirare le persone verso il vostro libro e aiutarle a diffonderlo nelle loro reti. Quando si espande una comunità, si finisce per accumulare un seguito.

5. Sviluppate la vostra reputazione su Internet e diventate un'autorità. Questo aspetto è particolarmente importante per gli autori di libri di auto-aiuto e di istruzioni per l'uso. Sviluppate video sul web. Scoprite come diventare attivi su LinkedIn Answers.

6. Non perdete mai l'occasione di rispondere alle domande dei fan sul vostro libro. Quando otterrete un riconoscimento sufficiente delle vostre

credenziali e della vostra competenza su un determinato argomento, il vostro libro (o i vostri libri) saranno spinti senza difficoltà.

Il marketing di un ebook o di un libro per il mercato online può avere risultati redditizi. È sufficiente impegnarsi. Siate esperti del web. Affidatevi a uno specialista per l'assistenza alle vostre campagne. Sviluppate il vostro marchio e, chissà, forse il libro che avete completato molti anni fa vi aiuterà a diventare un autore di best-seller oggi.

CAPITOLO 19: ERRORI DI PROMOZIONE DEL LIBRO DA EVITARE.

Ci sono centinaia di professionisti che scrivono, bloggano e parlano di ciò che gli autori dovrebbero fare per vendere i loro romanzi, ma a volte gli autori hanno anche bisogno di sapere cosa dovrebbero evitare di fare.

Ho raccolto una manciata delle storie più assurde che ho sentito sugli autori che scrivono o promuovono i loro romanzi e, anche se possono sembrare ridicole, vi assicuro che sono tutte vere. Nella remota possibilità che vi troviate sulla strada della pazzia autoriale, ecco alcuni consigli su cosa non fare:

Errori in libreria:

Queste due storie mi sono state raccontate da un amico gestore di una libreria:

Abbiamo deciso di tenere in conto vendita il libro di questo autore. Finché un libro vende, continuiamo a tenerlo in magazzino. Tuttavia, un autore non ha venduto alcun libro, quindi gli ho comunicato che dopo sei mesi non avremmo più potuto tenere il suo libro.

Mi ha riferito di aver venduto venti libri nel mio negozio. Gli ho comunicato che gli otto libri che gli avevamo rubato in origine erano ancora presenti. Ha detto di aver rinnovato la pila ogni due settimane.

Non abbiamo un sistema di inventario computerizzato, quindi quando ha riempito la pila non abbiamo avuto modo di tenere traccia dei libri venduti. Pertanto, non posso pagarlo per quei volumi. In conclusione, prima di lasciare nuovi libri in negozio, verificate con il direttore della libreria.

Abbiamo collocato i libri di un autore locale nella sezione dei libri locali. Quando un giorno sono entrato in negozio, tutti i suoi libri erano esposti accanto ai bestseller al tavolo anteriore. Sono stati rimessi nella sezione degli autori locali.

Quando lo scenario si è ripresentato, ho fatto presente all'autrice che gli acquirenti in cerca di libri locali avrebbero avuto difficoltà a trovare le sue opere se non si fossero trovati nell'area locale, ma questo non sembrava fare differenza.

Quando sono tornata in ufficio qualche giorno dopo, i suoi libri erano di nuovo sul tavolo davanti. Dopo averli riposizionati più volte, ho chiamato l'autrice e l'ho informata che non avremmo più venduto i suoi libri..

Festival:

Questa storia mi è stata raccontata da uno scrittore che ha partecipato a una fiera d'arte:

Ho condiviso un tavolo a una fiera d'arte con un'altra autrice. La sua storia era stata recentemente adattata in un audiolibro. Come mezzo di autopromozione, decise di portare delle cuffie in modo che chiunque potesse fermarsi e ascoltare l'audiolibro. Tuttavia, non si è fermata lì.

Si è messa fuori dallo stand e si è avvicinata ai passanti, mettendo loro le cuffie in testa senza permesso e urlando: "Ascoltate il mio libro!". Ha impedito alle persone di avvicinarsi allo stand per vedere il mio libro e, quando hanno visto ciò che stava facendo ad altri visitatori innocenti, hanno iniziato a fare di tutto per evitarci.

Interviste:

Non riesco a contare il numero di volte in cui ho sentito dire dagli autori, durante le interviste, quanto segue. Non rende felice un intervistatore:

"Perché il tuo personaggio Mary decide di… Nel suo romanzo?".

Per scoprirlo, dovrete leggere il libro.

"Tuttavia, può dirci perché ha scelto di farlo fare a Mary?".

"No, temo di rivelare troppe informazioni. Per scoprirlo, dovrete leggere il libro".

Se un autore non è in grado di parlarmi del suo libro, non sarò interessato a leggerlo.

Introduzioni ai libri:

Un autore ha scritto quanto segue nel paragrafo iniziale della sua introduzione:

Mi è venuto in mente che gli scenari del mio romanzo e il mondo fantastico che ho costruito sarebbero stati prima perplessi e difficili da seguire per i lettori, così ho deciso di scrivere questa introduzione per spiegare tutto in modo che possano seguire la trama.

Dire al lettore che il suo libro è confuso non lo aiuterà a vendere più copie; se il suo libro è confuso, dovrebbe continuare a rivederlo invece di pubblicarlo.

Libri per bambini:

Nonostante la vostra incredulità, alcuni autori non sanno cosa sia giusto fare per un libro per bambini. Ho sentito parlare di un autore i cui protagonisti animali indagavano su un omicidio. Peggio ancora, la vittima dell'omicidio era una donna e il marito e l'amante erano i principali sospettati. Spero che l'omicidio e l'adulterio siano argomenti inappropriati per i bambini.

Siti web:

Potrei elencare altri errori che gli autori commettono sui loro siti web, ma questo autore deve guadagnarsi il premio per il racconto più strano di sempre. Questa è una leggera parafrasi di un post che ho visto sul sito di un autore, ma rappresenta ciò che ho sentito dire da più di un autore (da qui gli spazi vuoti):

Se volete comprare il mio libro, non posso spedirvelo perché _____ [l'ufficio postale, il governo degli Stati Uniti, la Lega del Male, gli alieni che gestiscono segretamente il nostro pianeta, ecc. Così l'ho convertito in un eBook scaricabile sul mio sito web.

Forse, come autore, i tuoi libri non vendono come vorresti e ti stai chiedendo cosa stai sbagliando. Tuttavia, dopo aver letto questi aneddoti, sono certo che sarete in grado di congratularvi con voi stessi per il fatto che state facendo almeno alcune cose in modo corretto.

CAPITOLO 20: PROMUOVERE IL VOSTRO LIBRO NEL VOSTRO QUARTIERE.

Il marketing online è un modo fantastico per vendere il vostro libro a un pubblico globale, ma gli scrittori spesso ignorano le alternative di marketing locale. Nel vostro quartiere e nella vostra regione potete farvi notare come un pesce più grande in uno stagno più piccolo. Ecco cinque strategie per promuovere il vostro libro a livello locale:

1. Portate sempre con voi libri e letture. Tenete una scatola di libri, alcuni volantini nel bagagliaio del veicolo e biglietti da visita nel portafoglio. Non si sa mai quando si incontra un potenziale cliente o un contatto di marketing.

2. Considerate le opportunità nella vostra regione. Avete intenzione di fare un viaggio nel fine settimana o di andare a trovare vostra nonna? Effettuate una ricerca preliminare per trovare librerie, aziende e biblioteche della zona che potreste visitare o organizzate il vostro tour del libro, soggiornando presso parenti e amici lungo il percorso.

3. Promuovetevi presso i rivenditori e le biblioteche come autori locali. Molte librerie e biblioteche offrono una sezione che mette in evidenza le opere di autori locali o regionali.

4. Considerate i rivenditori alternativi che si adattano a voi. Considerate quali tipi di negozi sono pertinenti al tema del vostro libro e pubblicizzatelo come opera di un autore locale.

5. Applicate gli adesivi "autore locale" sui libri che vendete nella vostra comunità.

6. Parlare alle biblioteche. Contattate le biblioteche per fare una presentazione sul tema del vostro libro. Questo è particolarmente utile per i libri

per bambini e per i titoli di saggistica con un'ampia gamma di argomenti (come viaggi, affari o fitness). Molte biblioteche vi permetteranno di vendere i vostri libri durante il vostro intervento e altre dispongono di fondi per il compenso dei relatori.

7. Trovate altre opportunità di parlare. Parlare è un modo straordinario per pubblicizzare il vostro libro; una volta acquisita esperienza, potreste anche essere pagati per parlare. Molte organizzazioni, tra cui organizzazioni commerciali e civiche, gruppi ecclesiastici, scuole e università, associazioni di categoria e altre, cercano presentatori coinvolgenti per i loro incontri.

8. Cercate di farvi pubblicità attraverso i media regionali e locali. Inviate un comunicato stampa per annunciare il vostro nuovo libro ai media della vostra città natale e della vostra attuale residenza. L'approccio "la ragazza locale fa bene" è particolarmente efficace nelle comunità più piccole.

9. Create comunicati stampa basati su legami regionali, come ad esempio un romanzo ambientato

nella zona e avvenimenti attuali. Non dimenticate di includere la newsletter degli ex allievi e le organizzazioni civiche o professionali a cui appartenete. Gli autori di saggistica dovrebbero prendere in considerazione i programmi di discussione radiofonici e televisivi.

10. Partecipate a fiere e festival del libro. In genere, funzionano meglio se il vostro libro è in relazione con l'argomento dell'evento o ha un ampio richiamo.

11. Promuovere la letteratura per ragazzi attraverso le scuole e le organizzazioni giovanili. Le visite alle scuole sono un ottimo metodo per raggiungere i bambini..

CONCLUSIONE.

Creare e promuovere un libro, in particolare un libro per bambini, è una sfida. Anche se la pubblicazione tradizionale è difficile, l'autopubblicazione può portare al successo. Prima di pensare che scrivere un libro per bambini sia la cosa migliore da fare, è necessario studiare il mercato attuale.

Esiste un'infinita scelta di libri per bambini. A differenza dei libri convenzionali per adulti, i negozi di libri per bambini e i negozi a prezzi stracciati offrono un vasto assortimento di libri per bambini. Nonostante il desiderio che i figli ricevano un'istruzione, molti genitori preferiscono spendere una cifra limitata per i libri.

Come indicato in precedenza, la concorrenza per i libri per bambini è forte. Spesso un autore famoso o una storia coinvolgente, in particolare per i giovani lettori o per gli adulti, spingono la vendita di un libro per bambini da 15 dollari. Di conseguenza, molti editori sono cauti.

Per questo motivo, molte grandi case editrici scelgono di continuare a lavorare con gli stessi autori o di utilizzare solo agenti. Tuttavia, non lasciatevi abbattere. Molte case editrici sono disposte a rischiare con nuovi autori e voi potreste essere uno di loro.

Molti aspiranti autori che vogliono essere pubblicati preferiscono scrivere libri per bambini perché ritengono che abbiano maggiori possibilità di generare più denaro. Nonostante la possibilità di variare, gli autori di romanzi più lunghi e di altri libri sono spesso compensati in misura maggiore. Si tratta quindi di un dato di fatto?

È possibile scrivere un libro per bambini in modo più rapido; quindi, si può essere in grado di scrivere di più, ma è fondamentale sottolineare che a ogni libro va dedicata la stessa quantità di tempo e di considerazione. Inoltre, scrivendo per bambini, si può essere in grado di produrre un maggior numero di libri, ma questi devono essere pubblicati prima di poterne trarre un guadagno.

Se si sceglie di pubblicare una storia per bambini, è fondamentale non limitarsi. Quando si pensa alla letteratura per l'infanzia, in genere vengono subito in mente i libri illustrati e i libri da tavolo.

Oltre alle pubblicazioni per ragazzi, esistono anche libri per principianti, come ad esempio i libri brevi di CAPITOLO. Ricordate questo aspetto quando cercate di scrivere il vostro primo libro per bambini, perché potreste voler sperimentare.

Come già detto, scrivere e pubblicare un libro per bambini non è necessariamente più semplice, ma ciò non significa che sia impossibile. Invece di concentrarvi su quanto sarebbe semplice pubblicare un libro o su quanto denaro potreste prevedere di guadagnare, siete incoraggiati a scrivere di ciò che conoscete o vi piace. Quando ci si appassiona alle parole che si scrivono e al racconto che si costruisce, si hanno molte più possibilità di raggiungere il successo.

Con l'avvento dei software e delle applicazioni di stampa su richiesta, produrre e pubblicare un libro è oggi più facile. Scrivere un libro per bambini non è così semplice come si crede e la pubblicazione attraverso i canali tradizionali è uno dei compiti più difficili dell'industria editoriale.

Competenze gestionali per manager.

1. Gestione del tempo per manager
2. Coaching dei dipendenti per dirigenti
3. Team building per manager
4. Fiducia in se stessi per dirigenti
5. Abilità di negoziazione per manager
6. Abilità di servizio al cliente per manager
7. Assertività per manager
8. Galateo commerciale per manager
9. Capacità di ascolto per manager
10. Abilità di leadership per manager
11. Abilità comunicative per manager
12. Abilità di presentazione per manager
13. Gestione dello stress per manager
14. Processo decisionale per manager
15. Gestione dei conflitti per manager.

Serie: Libertà finanziaria a qualsiasi età.

- Raggiungere la libertà finanziaria a 20 anni
- Raggiungere la libertà finanziaria a 30 anni
- Raggiungere la libertà finanziaria a 40 anni
- Raggiungere la libertà finanziaria a 50 anni
- Raggiungere la libertà finanziaria a 60 anni
- Raggiungere la libertà finanziaria a 70 anni e oltre.
- Raggiungere la libertà finanziaria nei bambini
- Raggiungere la libertà finanziaria negli adolescenti
- Raggiungere la libertà finanziaria negli studenti universitari.
- Truffe finanziarie da cui stare attenti in pensione.

Serie: Finanza personale per voi.
- ➢ Comprare e vendere criptovalute per principianti
- ➢ Perché investire in azioni a dividendo ha senso.

Serie: Ricchezza 2022.

- ➢ Imprenditorialità online.
- ➢ Avviare un'attività in proprio
- ➢ Gestione della ricchezza
- ➢ Reddito passivo.
- ➢ 12 passi per avviare un'attività in proprio.

Serie: Servizio clienti eccellente.

- ➢ Servizio clienti eccellente nella vendita al dettaglio
- ➢ Servizio clienti eccellente nei fast food
- ➢ Servizio clienti eccellente in un ristorante a servizio completo
- ➢ Servizio clienti eccellente nell'insegnamento.
- ➢ Servizio clienti eccellente nel settore immobiliare
- ➢ Servizio clienti eccellente in un call center
- ➢ Servizio clienti eccellente come receptionist
- ➢ Servizio clienti eccellente in un hotel
- ➢ Servizio clienti eccellente nella vendita
- ➢ Servizio clienti eccellente in qualsiasi situazione.

- Servizio clienti eccellente in uno studio dentistico
- Servizio clienti eccellente in uno studio medico.

Serie: Soldi veloci.

- Soldi veloci in una settimana
- Soldi veloci in un weekend
- Soldi veloci in un mese
- Soldi veloci per studenti.

Serie: Come promuovere.

- Come far prosperare la vostra attività durante la recessione
- Come promuovere il vostro ricettario
- Come promuovere il libro per bambini.

Biografia dell'autore

D.K. Hawkins. A D.K. piace leggere libri di economia personale e passare il tempo all'aria aperta. Altri libri verranno aggiunti a questa raccolta, quindi vi invitiamo a seguirci su Amazon per altri libri.

Grazie per aver acquistato questo libro.

Lo apprezzo sinceramente e apprezzo lei, il mio eccellente cliente.

Dio vi benedica.

D.K. Hawkins.

www.ingramcontent.com/pod-product-compliance
Lightning Source LLC
Chambersburg PA
CBHW050011230526
45465CB00003BB/1367